JN410137

설죽의 꿈

국제PEN한국본부 창립70주년기념 산문선집 04

이범찬 수필집

International PEN-Korea Center pen

교음사

국제PEN헌장

국제PEN은 국제PEN대회 결의에 따라 다음과 같이 헌장을 선포한다.

1. 문학은 각 민족과 국가 단위로 이루어지나, 그 자체는 국경을 초월하여 그 어떤 상황 변화 속에서도 국가 간의 상호 교류를 유지해야 한다.
2. 예술 작품은 인간의 보편성에 바탕을 두고 길이 전승되는 재산이므로 국가적 또는 정치적 권력으로부터 간섭을 받아서는 안 된다.
3. 국제PEN은 인류 공영을 위해 최대한의 영향력을 발휘해야 하며 종족, 계급 그리고 민족 간의 갈등을 타파하는 동시에 전 세계 인류가 평화롭게 살아갈 수 있다는 이상을 실현하기 위하여 최선을 다해야 한다.
4. 국제PEN은 한 국가 안에서나 또는 세계 여러 나라에서 사상의 교류가 상호 방해 받지 않는다는 원칙을 준수하며, PEN 회원들은 각자 국가나 지역사회에서 어떤 형태로든 표현의 자유를 억압하는 데 반대할 것을 선언한다. 또한, PEN은 출판 및 언론의 자유를 주창하며 평화시의 부당한 검열을 거부한다. 아울러 PEN은 정치와 경제의 올바른 질서를 지향하기 위해 정부, 행정기관, 제도권에 대한 자유로운 비판이 필수적이고 긴요하다는 사실을 확신한다. 이와 함께 PEN 회원들은 출판 및 언론 자유의 오용을 배격하며, 특정 정치 세력이나 개인의 부당한 목적을 위해 사실을 왜곡하는 언론 자유의 해악을 경계한다.

   이러한 목적에 동의하는 모든 자격 있는 작가들, 편집자들, 번역가들은 그들의 국적, 언어, 종족, 피부 색깔 또는 종교에 관계없이 어느 누구라도 PEN 회원이 될 수 있다.

국제PEN한국본부 연혁

국제PEN본부는 1921년에 창립되어 2022년 3월 현재 145개국 154개 센터가 회원으로 가입돼 있는 세계적인 문학단체이다. 국제PEN본부는 영국 런던에 본부를 두고 있으며 특히 UN 인권위원회와 유네스코 자문기구로 현재 전 세계 문인, 번역가, 편집인, 언론인들의 표현의 자유를 옹호하고 인권 문제를 다루고 있는 단체이다.

한국PEN은 1954년 9월 15일 변영로·주요섭·모윤숙·이헌구·김광섭·이무영·백철 선생 등이 발기하여 같은 해 10월 23일 당시 서울 소공동 소재 서울대학교 치과대학 강당에서 창립총회를 열고 국제펜클럽한국본부로 공식 출범하였다. 국제펜클럽한국본부는 그 이듬해인 1955년 6월 비엔나에서 열린 제27차 세계대회에서 정식회원국으로 가입하고 그해 7월에 인준을 받아 오늘에 이르렀으며 2022년 3월 현재 회원 수는 4,000여 명이다.

사)국제PEN한국본부(International PEN Korea Center)는 역사와 권위를 자랑하는 국제적 문학단체로서 회원들의 양심과 소신에 따른 저항권과 표현의 자유를 옹호하고 구속 작가들의 인권문제를 다루며 한국의 우수 문학작품을 번역, 세계 각국에 널리 알리고 우리 민족의 고유문화와 전통문화 등을 해외에 소개하는 한편 세계 각국과 문화 교류 및 친선을 도모하는 데 주도적 역할을 담당하고 있다.

1954. 10. 23.	국제펜클럽한국본부 창립
1955.	제27차 국제PEN비엔나대회에서 회원국 가입
	『The Korean PEN』 영문판 및 불어판 창간
1958.	국내 최초 번역문학상 제정
1964.	PEN 아시아 작가기금 지급(1970년 제6차까지)
1970.	제37차 국제PEN서울대회 개최(60개국 참가)
1975.	『PEN뉴스』 창간. 이후 『PEN문학』으로 제호 변경
1978.	한국PEN문학상 제정
1988.	제52차 국제PEN서울대회 개최
1994.	제1회 국제문학심포지엄 개최
1996.	영문계간지 『KOREAN LITERATURE TODAY』 창간
2001.	전국 각 시도 및 미주 등에 지역위원회 설치
2012. 9.	제78차 국제PEN경주대회 개최
2015. 9.	제1회 세계한글작가대회 개최
2016. 9.	제2회 세계한글작가대회 개최
2017. 9.	제3회 세계한글작가대회 개최
2018. 11. 6~9.	제4회 세계한글작가대회 개최
2018. 8. 22.	정관개정에 의해 국제PEN한국본부로 개명
2019. 2.	PEN번역원 창립
2019. 11. 12~15.	제5회 세계한글작가대회 개최
2020. 10. 20~22.	제6회 세계한글작가대회 개최
2021. 11. 2~4.	제7회 세계한글작가대회 개최
2022. 11. 1~4.	제8회 세계한글작가대회 개최

국제PEN한국본부 창립 70주년 기념 선집을 발간하며

국제PEN한국본부는 1954년에 창립되고 이듬해인 1955년 6월 오스트리아의 빈에서 열린 제27차 국제PEN세계대회에서 회원국으로 가입되었다. 초대 이사장은 변영로 선생이 맡고 창립을 주선했던 모윤숙 시인이 부이사장을 맡았다. 이하윤, 김광섭, 피천득, 이한구 등과 함께 창립의 중심 역할을 했던 주요섭이 사무국장을 맡았다.

6·25한국전쟁이 휴전된 지 겨우 1년이 되는 시점에 이루어 낸 국제PEN한국본부의 창립은 매우 깊은 의미를 담는 거사였다. 그동안 국제PEN한국본부는 세 차례의 국제PEN대회와 8회의 세계한글작가대회를 개최하며 수많은 국내외 행사를 주최해 왔다. 이에 내년 2024년에는 창립 70주년을 맞이하게 되어 그 기념사업의 일환으로 PEN 회원들의 작품 선집을 발간하기로 하였다.

여러 가지 기념사업을 진행하지만 회원들의 주옥같은 작품집을 선집으로 집대성하여 남기는 일은 가장 중요하고 의미 있는 일이라 생각한다.

시와 산문으로 구성되는 선집은 우리 한국 문학사의 중요한 족적을 남기는 귀중한 역사 자료로서의 가치를 갖게 되리라고 믿으며 겸허한 마음으로 70주년을 자축하는 주요 사업으로 진행하게 된다.

참여해 주신 회원들께 감사하며 어려운 여건 속에서도 기꺼이 출판을 맡아 준 기획출판 오름의 김태웅 대표와 도서출판 교음사의 강병욱 대표에게 심심한 감사를 드린다.

2023년 3월

국제PEN한국본부 이사장 김용재

그림 모인당 이재심 / 시조 송암 이범찬

바람 차고 눈 덮여 잔가지 휘어져도
푸르름 잃지 않고 마음 비워 견디거니
이 또한 지나가리라 밝은 해 솟아오리

책을 내며

망백의 산마루에 오른 겨울 나그네가 몸부림을 친다. 마음을 비우려 하지만 앞만 보고 열심히 달려온 범부에게는 그렇게 쉬운 일이 아니기에 하염없이 탄식만 토해낸다. 얼마 전에 열린 송천서회전에 나가니, 모인당 선배의 설죽(雪竹) 그림이 마음에 와 닿았다. 겨울 나그네의 마지막 수필집의 표지화로 쓰고 싶다고 졸라서 들여왔다.

발표한 수필과 신작 수필이 400편쯤 된다. 그중에서 51편을 골라보았다. 뒤늦게나마 내 마음을 설죽같이 비워보려는 발버둥이다.

그동안 격려를 보내주신 애독자 여러분과 특히 성원과 지도를 아끼지 않은 오경자 회장님, 우희정 대표님, 강병욱 이사장님께 깊은 감사의 뜻을 올린다.

2023년 6월

저자 이 범 찬

차례

1. 아름다운 금수강산

2. 바람 따라 구만리

3. 마음부터 비우려

4. 우리의 소원

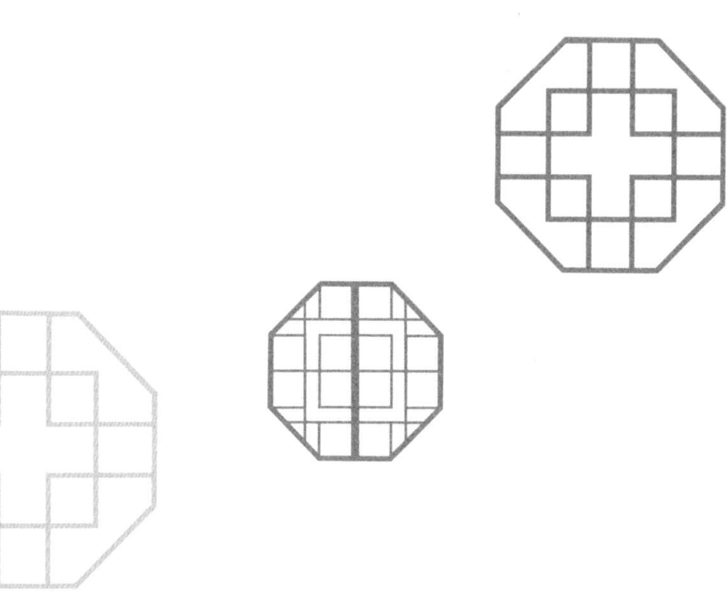

1

아름다운 금수강산

강화도 나들이

코로나로 인해 매사가 뒤죽박죽이 된 셈인데도 세월은 어김없이 흘러간다. 공원의 단풍잎이 노랗게 물들고, 뉴스마다 단풍철의 아름다움을 재촉이라도 하는 양 소개한다. 이 좋은 철에 집콕 신세가 된 우리 내외가 딱해 보였던지 딸이 또 발동을 걸었다. 백운호수를 다녀온 지가 엊그제인데… 엄마는 매일 누워서 TV만 보면서 좋아 보이는 곳은 다 가 보고 싶다니 도리가 없다. 나날이 기억력이 떨어지고 판단력이 흐려지니 답답하지만 어쩌랴. 누구나 가는 길이니 더 어려워지기 전에 즐겁게 해 주는 수밖에.

운전에 능한 '유 과장'이 강화도 지리를 잘 안다고 해서 안심하고 따라나섰다. 해변가에 가서 싱싱한 회라도 맛보나 했는데 강화 시내 한복판에 차가 멈춘다. 유명한 '풍물시장'으로 들어서는 순간 분위기가 확 바뀌었다. 젊어서 찾아와 해변가 모래사장에 주저앉아서 회를 사 먹던 생각이 문득 떠오른다. 세월 따라 너무도 변했다. 걷지 못해 걱정할 필요도 없고, 온갖 해물이 풍성하니 고르기만 하면 되지 않는가.

손님이 가장 붐비는 식당을 골라 4인석 테이블을 차지했다. 큰 대접에 싱싱한 야채 위에 푸짐하게 올려 나온 '밴댕이 회덮밥'이 식욕을 돋운다. 속이 좁다고 비아냥대는 고기지만 부드럽고 싱싱하니 맛은 일품이다. 먹는 사람의 배 속은 풍만해지고 마음은 느긋해지니 밴댕이의 불명예를 씻어주어야겠다는 생각이 든다. 올 때는 맛이 있다고 밴댕이 젓갈까지 사 왔다. 강화도를 들른다면 북녘땅이 눈앞에 내려다보이는 '강화 제적봉 평화전망대'를 빼놓을 수가 없다. 엄격히 출입이 통제되었었지만 근래에 와서 완화되어 관광명소가 되었다.

차를 돌려 올라가 보며 가족들에게 설명도 해 주고 싶었지만, 내가 지쳐서 후일로 미루고 말았다. 지난번에 들렀을 때 지어본 시조 「제적봉에 올라」를 다시 떠올리며 아쉬움을 달래고 말았다.

발아래 물가에는 철조망 가로막고
강 건너 민둥산은 안개 속에 가물가물
소리쳐 이름 부르면 손 흔들 듯하여라

예성강 한강 물은 밤낮 없이 뭉치는데
한 핏줄 옛 동무들 막힌 절벽 털어내고
부르자 금강산 노래 붉은 해 솟으리니

(2022. 11. 17)

꽃동네

- 우리 동네 이야기 · 1

이른 아침부터 시작하여 매일 다섯 번씩 공원을 돌아오는 것이 나의 일과다. 코로나19가 퍼졌으니 사회적 거리두기를 지키기 위해서만은 아니다. 다리가 무거워져서 15분 이상 걷기조차 어려운 처지가 되었으니 어쩌랴. '울긋불긋 꽃 대궐 차리인 동네', 홍난파가 작곡한 「고향의 봄」을 흥얼거릴 때면, 어린 날의 고향보다 아름다운 꽃동네에서 산다는 행복감에 젖어든다.

대문만 나서면 넓은 골목길이 빌라 단지를 곧게 갈라놓아 우면산 자락이 한눈에 들어온다. 집집마다 정원수가 가득 들어섰고, 영춘화가 담장에 늘어져 봄볕을 즐긴다. '방아다리근린공원'에 노란 산수유꽃이 만발하면 담장 안의 백목련이 해맑은 미소를 보내고, 공원 옆 '양정빌라'의 뜰에는 탐스러운 진달래가 수줍어 얼굴을 붉힌다. 몇 발짝 안 가서 우회전을 하면 왼편의 우면산 숲속에서 엉성하게 자란 진달래가 꽃잎을 날리고, 길가의 개나리들이 노란 등불을 달고 줄지어 기다린다. 부지런한 산새들은 떼를 지어 나뭇가지를 옮겨 다니며 짹짹댄다.

뒤질세라, '온누리교회'로 이어진 길 양쪽에 심은 벚꽃이 활짝 피어나면 꽃동네의 봄은 절정을 이룬다. 멀리 여의도 윤중제까지 벚꽃 구경을 갈 필요가 없다. 공원 풀밭에 앙증맞은 민들레꽃이 벌어질 때면 시원한 바람결에 라일락 향기가 내 가슴으로 스며든다. 벚꽃 잎이 날려 길 위에 연분홍으로 수를 놓으면 '신동아빌라' 담장의 탐스러운 철쭉꽃 무리가 솟아나는 푸른 잎에게 바통을 넘기니 꽃동네는 활기를 되찾는다.

이렇듯 아름다운 동네가 강남의 한복판, 그것도 초역세권에 자리한다니 이 또한 큰 자랑이 아닌가. 강남대로와 3호선 신분당선이 교차하는 양재역이 10여 분 거리에 있고, 서초구청 행정법원 가정법원 서초문화예술회관 스포츠센터까지 줄지어 들어섰으니 편리하기 이를 데 없다. 내가 이곳에 터를 잡은 지도 어언 반백년이 흘렀다. 강산이 몇 번 바뀌었으니 이제는 나도 말죽거리 터줏대감이 된 셈이다.

30대 초반 이화여자대학에 근무할 때다. 경영학과의 한(韓) 교수를 따라 말죽거리를 찾아왔다. 한강에 다리라곤 제1한강교밖에 없었으니, 흑석동으로 돌아 벌판길을 달렸던 기억이 새롭다.

복덕방 영감의 안내로 우면산 끝자락으로 올라갔다. 지금의 서초구청 뒷산이다. 사방을 가리키며 말죽거리의 사연을 늘어놓았다.

이 동네는 한양의 관문이라 삼남지방의 과객은 이곳에서 밤을 지내고 말에 죽을 먹여서 말죽거리란 이름이 붙었단다. 한 교수는 북쪽에 있는 대지를 샀고, 나는 돈이 없어 남쪽의 논을 소개받았다. 산 위에서 바라다보니 허허벌판이 장차 훌륭한 주택가로 개발이 될 듯싶었다.

우면산 능선이 아늑하게 품었고, 논 남쪽으로 양재천이 흐르며, 멀리 구룡산과 청계산이 감싸고 있으니, 배산임수(背山臨水)의 지형에 명당자리라고 얼치기 풍수설을 늘어놓는다. 양재동이란 이름도 좋으니 장차 훌륭한 인재가 나올 것이라고 수다를 떨어댔다.

나는 여주의 논을 평당 350원에 팔아서 양재동의 논을 평당 1,720원에 샀다. 교수가 되었으니 고향에 내려가 농사를 지을 수는 없을 터, 서울에서 임대료를 받아 식량에 보태라는 부모님의 배려 덕분이다.

호사다마라 했던가. 얼마 후에 개발할 것이란 풍문이 돌더니, 부동산 투기억제세제가 나오고, 뒤이어 이 지역을 군사보호지역으로 묶었다고 하지 않는가. 거래도 끊기고, 논의 임차인은 첫해만 쌀 한 가마를 주고는 떼먹고 마니, 싸울 수도 없어 체념하고 말았다.

그 후 몇 해가 지나자 갑자기 규제가 풀리며 구획정리가 시행되었다. 그 정보를 미리 알아낸 자가 찾아와 수용당할 것이니 팔라고 졸라댔다. 공정한 시세도 알 수 없으려니와 그동안의 고초를 생각해서도 단연 거절했다. 전(全) 대통령이 사저를 지으려 계획했다가, 여론이 좋지 않아 집터를 땅 주인에게 되돌려 주었다는 후문이다. 그래서 그 제일 좋은 자리에 '온누리교회'가 들어서게 되었고 아름다운 꽃동네가 형성되었다.

그러나 김영삼 정부가 들어서며 어설픈 토지 공개념에 사로잡혀 모든 나대지에는 공한지세를 부과하고 현금이 없어 체납을 하면 현물로 납부해야 한다지 않는가. 몇 해만 현물로 납세를 하면 대지 자체가 날아갈 지경이니 무리한 건축을 했다. 공한지세는 면했지만 건축비 관계로 강제집행을 당하게 되었다. 도리 없이 강제집행을 면하노라 연금까지 일시불로 받아 은행 빚을 갚고 말았다.

하늘이 무너져도 솟아날 구멍이 있다고 했던가. 우여곡절 끝에 오랫동안 고난의 행군을 하긴 했으나 늙마에 인생의 봄날을 맞게 되었다. 요새 LH투기사태가 물의를 일으키게 되니, 막내아들이 한마디 한다. 우리 아버지는 일생일대 현명한 농지 투자를 했다고.

반백 년 전 찾아온 들판 속의 말죽거리
한양 찾는 길손들 하룻밤 묵어간 곳
강산도 변한다지만 상상인들 했으랴

배산임수 명당자리 꽃대궐 차린 동네
철길 큰길 가로질러 아름답고 편안해
봄꽃들 황홀도 하여 떠날 수가 없노라

–「꽃동네」

(2021. 4. 16)

금강산의 봄

설렘 속의 밤 열차

백두산 천지와 금강산의 만물상만큼 내 마음을 설레게 한 것이 있었을까? 고희 기념으로 백두산 정상의 외륜봉을 남북으로 종주하며 천지는 원 없이 바라보았으나, 금강산 관광은 좀 더 자유로운 분위기가 조성되기를 기다리며 미루어 왔다. 그러나 해를 거듭함에 따라 차차 체력의 한계를 느끼게 되어 4월 1일 드디어 무박 3일의 철도 관광단에 끼어들었다. 여주중농고동문회의 후배 산악회원들과 함께 가기 위해서다.

금강산으로 수학여행을 간 옛사람들의 이야기와 정비석의 현란한 필치로 그려낸 금강산 기행문 「산정무한」이 한평생 금강산의 꿈을 부풀려 주었다. 일제로부터의 해방과 6·25동란으로 인해 수학여행의 꿈과 낭만을 날려버려야 했던 세대이니, 오래간만에 타보는 밤 열차도 멀리 돌아가지만 불편은커녕 마냥 흥겹기만 했다. 밤 8시 45분에 서울역을 출발한 무궁화호 열차는 수원, 천안, 청주, 제천을 거쳐 새벽 3시 반에야 동해시에 도착했는데, 차창 밖 어둠은 기암괴석이 어우러진 금강산의 정경을 멋대로 그리기에 족했다. 덜커덩덜커덩 연속되는 차바퀴 구르는 소리는 상념의 나래를 젊은 날의 추억 속으로 몰고 갔다.

만고의 만물상

금강산은 어느 계절이고 아름답다고 한다. 선인들은 계절 따라 금강산, 봉래산, 풍악산, 개골산이라고 이름마저 다르게 붙였다. 성급한 산수유가 노란 꽃잎을 벌리기 시작했을 뿐 물가의 찔레나무도 아직은 새싹이 돋을 기미가 안 보인다. 멀리 병풍처럼 둘러싼 중관음봉, 상관음봉, 상등봉을 잇는 능선의 북쪽 음지에는 흰 눈이 뒤덮여 있고 등산로 옆에는 잔설이 수북이 쌓여 있으니, 봄꽃으로 휘감은 금강산도 아니고, 녹음이 무성한 봉래산도 아니며, 그렇다고 나뭇가지마다 소복소복 흰 눈을 쓰고 있는 개골산의 설경은 더더욱 아니다. 별러서 온다는 것이 어중간한 철에 온 셈이다. 그래도 생긴 그대로의 산세를 바라볼 수는 있으니 그것으로 자위하며, 힘들기는 하지만 만물상을 가까이 접할 수 있는 천선대(天仙臺, 936미터)를 오르기로 정했다. 대부분의 회원들은 평이하다는 구룡연과 삼일포 쪽을 택했지만, 나는 다음 기회로 미루기로 했다.

금강산의 3대 명물은 금강내기(가을과 봄에 부는 거센 바람), 안개·구름, 계절 폭포이지만, 네 번째 명물은 산길 운전에 능숙한 중국 교포 운전사라고 안내양이 농담을 한다. 좁고 가파른 계곡에 자동차 길을 만들다 보니 S자의 연속일 수밖에 없다. 180도 U턴을 해야 하는 좁은 길을 돌아갈 때마다 마음 졸이게 하는 곡예 운전이 반 시간 남짓 계속되었을까…. 3분의 2는 오른 지점에 설치한 만상정(萬相亭) 주차장에다 내려준다.

10여 분 가파른 계단 길을 오르니, 왼쪽으로 험상궂은 얼굴의 귀면암이 기이한 모습을 뽐내며 솟아있다. 그 밑에는 '국가지정 천연기념물 제224文 귀면암'이란 표지석이 박혀 있다. 누구도 마음대로 오를 수가 없으니 산은 잘 보존되어 왔는데, 판에 박은 수식어와 함께 김○○이 다녀갔다는 붉은 글씨의 비문이 내가 서 있는 좌표를 실감케 한다. 단 몇 줄도 읽어주기가 역겨운 비문인데, 세기를 거듭하며 만인의 시선을 어지럽힐 것을 생각하면 질식할 것만 같았다.

귀면암을 지나 등산로를 따라 한 시간쯤 땀을 흘리면 정상 천선대에 오르게 된다. 정상 가까이 가면 수직 절벽에 갈지자로 매어 달린 철사다리 계단을 올라가야 한다. 한 사람이 겨우 갈 수 있는 일방통행 계단에다 사각(斜角)이 너무도 없으니, 양손은 난간을 꽉 잡고, 시선은 좁은 발판에서 뗄 수가 없다. 주위의 절경을 감상할 여유가 없다. 천선대에서 한숨 돌리고, 비좁은 '하늘

문'을 빠져나가면 건너편에 만물상의 봉우리와 암벽이 한눈에 들어온다. 갖가지 모양의 괴석과 수없이 갈라져 금방 무너져 내릴 듯도 한 절벽에 틈만 있으면 솟아오른 노송들도 장관이다. 중국 황산의 소나무들은 탐스럽게 구김살 없이 자랐고, 훼손된 가지도 별로 없어 아름답기는 하다.

그러나 금강산 절벽의 소나무들은 짤막하고 억세게 자랐으며, 가지도 짧고, 그나마 남쪽으로만 몇 개 뻗었을 뿐 북쪽 가지는 꺾이고 삭아서 없는 나무가 대부분이다. 휘몰아치는 매서운 강풍과 힘겨루기를 하며, 때 없이 쌓이는 눈 더미를 이고 자라자니 몇백 년 자라도 그 모습 크게 달라질 수 없겠다. 고난의 역사 속에 살아남아 온 우리들의 자화상을 보는 것만 같아 훨씬 정겹고 아름답게만 보이는 것을 어찌하랴!

절벽의 소나무와는 달리 계곡 초입의 울창한 소나무 숲은 또 다른 금강의 명물이라고 하겠다. 4, 50미터를 쭉쭉 뻗은 적송은 미인송이라는 이름에 걸맞게 참으로 아름답다. 수령 3백 년의 적송이 숲을 이루고 있으니 바라만 보아도 마음이 뿌듯해진다. 온정리 마을 주변에도 소나무밭이 널려 있는 것도 인상적이다.

구룡연 코스와 삼일포의 미련

황산의 계곡이 좋다지만 그곳에서는 금강산의 골짜기를 콸콸 흘러내리는 맑은 물을 보기는 어렵다. 수목이 울창해지는 여름철의 계곡물은 말할 것도 없겠지만, 이른 봄에도 골짜기에 쌓인 잔설 밑으로 흐르는 맑은 물줄기가 마를 줄을 모른다. 때로는 밖으로 솟구쳐 절벽 위를 타고 흐르며 작은 폭포를 이루고 있다. 계절폭포를 자랑하는 까닭을 알 만하다. 여기저기 굴러 내려 쌓인 큰 바위들 틈에 고인 물은 맑다 못해 사뭇 푸르다.

만물상 밑 계곡은 비교적 물이 적은 편이지만, 주봉인 비로봉(1,638미터)으로부터 갈라진 계곡이 모아지는 구룡연 코스에는 풍성한 계곡물이 장관일 것 같다. 산악미는 만물상 코스에서, 계곡미는 구룡연 코스에서 감상해야 한다고 안내양도 일러 주었다. 상팔담, 구룡폭포, 연주담, 비룡폭포, 옥류담이 줄지어 자리를 잡고, 계곡물을 넘겨주는 흔들다리, 만경다리, 금수다리, 앙지다리, 목란다리 등 이름만 들어도 힘찬 물줄기가 넘쳐나는 계곡의 절경을 상상하기 어렵지 않다. 풍부한 수기(水氣)야말로 금강산 정기의 원천이다. 괴암과 노송과 옥수가 이렇게도 절묘하게 어우러진 진경산수화는 아마도 광활한 중국 땅에서는 찾아볼 수 없으리라.

나는 온천을 즐기느라 못 갔지만, 구룡연 코스를 택한 회원들의 찬탄은 하나 같이 삼일포(三日浦)의 아름다움에 모아진다. 삼일포는 온정리 마을과 해금강 사이에 자리 잡은 삼일리(三日里)의 천연 담수호이다. 둘레가 4.5킬루미터나 된다는 제법 큰 호수인데 자연미의 극치라고 이구동성 감탄한다. 관동팔경의 하나이고, 북한의 천연기념물 제218호로 지정되어 있으니 짐작할 만하다. 다음 기회를 기약한다지만 못 보고 돌아오자니 발걸음이 무겁기만 했다.

철마의 꿈

해는 중천에 떠 있건만 볼거리를 남겨둔 채 귀경길을 서둘러야 했다. 오후 3시 반에 온정각(휴게소)을 출발해서 출입 수속을 밟아야 하기 때문이다. 국경 아닌 국경을 넘는데, 무엇이 그렇게도 의심스러운지 통과 절차가 짜증스럽기만 하다. 10배율 이상 되는 쌍안경 및 망원경, 160밀리 이상의 망원렌즈가 달린 사진기, 24배 이상의 줌렌즈가 달린 비디오카메라는 지참 금지 물품 8가지 중 첫째 항목이다. 나는 아예 1회용 카메라를 사 가지고 갔지만, 사진을 찍는 장소도 제한되어 있어서 몇 장 찍지도 않았다.

중국 관광에서는 단체 비자로 술술 나가고 확 풀어 놓는데, 내 나라 땅 안에서는 입산요금을 1백 불씩이나 내며, 철조망을 끼고 들어가, 삼엄한 감시 속에 지정된 길만을 돌아 나오는데도 그렇게 번거로우니, 반세기 분단의 아픔으로 돌리기에는 너무도 바보스럽고 억울하고 한스럽다.

북방한계선을 넘어, 민둥산이 돼 버린 비무장지대를 관광객 전용의 통일로가 훤하게 뚫리고, 동해북부선을 복원한 평행선의 선로는 끝이 없을 것만 같은데, 달려야 할 철마의 꿈은 어느 세월에 실현될는지…. 금강산의 봄은 요원하기만 한가 보다.

(2005. 4.)

능소화를 바라보며

나는 우리 동네를 가장 아름답고 살기 편한 '꽃동네'라고 자랑한다. 봄바람이 불어오면 방아다리근린공원이나 빌라 단지의 담장 안에는 봄꽃들이 이어서 피워댄다. 꽃잎이 떨어지고 연둣빛 새싹과 잎이 피어나나 하면 어느결에 짙은 초록으로 물들이고 여름의 활기를 내뿜어댄다. 이팝나무 가로수가 흰색의 꽃잎으로 뒤덮일 무렵이면 우리 꽃동네에는 배롱나무와 능소화가 내 마음을 들뜨게 한다.

능소화(凌霄花)는 '담쟁이덩굴'처럼 벽을 타올라가는 기술이 탁월하다. 다른 물체를 감고 오르는 등나무를 닮았고 황금빛 꽃을 피움에 금등화(金藤花)라 불리기도 한다. 옛날 중국에서 우리나라에 처음 들어왔을 땐 그 아름다움이 남달라 양반집에서만 이 꽃을 심을 수 있게 하였기에

'양반꽃'이라 불렸다고도 한다.

우리 집 대문 옆에는 굵은 능소화가 한 그루 심겨 있다. 올해도 봄꽃이 자취를 감추니 어김없이 주황색의 화사한 꽃을 피워댄다. 헤아릴 수 없이 많은 꽃송이가 담장 너머로 주렁주렁 매달려 황홀할 지경이다. 먼저 핀 꽃잎이 떨어지면 다른 마디에서 새 꽃을 피워낸다.

능소화가 필 무렵이면 배롱나무도 따라 핀다. 우리 집 뜰에는 배롱나무도 한 그루 심었는데 능소화와 경쟁이라도 하려는 듯 붉은 꽃떨기를 흔들어댄다. 그러나 능소화는 한 그루라도 좋지만, 배롱나무는 길가에서 줄지어 피어야 장관이다. 문득 울진의 배롱나무 꽃길이 떠오른다.

> 배롱나무는 홀로 서 있을 때보다 특히 무리지어 있어야 그 꽃이 사뭇 황홀하다. 배롱나무 꽃길에 나보다 더 홀린 상남 시백을 따라 뜨거운 여름이면 남녘으로 나들이에 나선다. 울진의 덕구리 고개를 넘으면 배롱나무들이 수십 리 긴 줄을 지어 도열한 꽃대궐을 만난다. '야트막한 키에 우산살 같이 가지를 뻗어 붉은 꽃떨기를 잔뜩 달고, 스치는 바람결에 간질이지 않아도 바르르 떤다. 온 천지를 붉게 물들일 듯 타오르는 지심(地心)의 불길'을 나는 달린다.
>
> – 졸저 「배롱나무 사랑」에서

능소화의 꽃말이 궁금해서 찾아보다 '명예'라는 것을 알아내기는 했는데, 곁들여 올라온 가련한 전설이 가슴 아프다. 어차피 전해오는 이야기라니 믿거나 말거나지만.

먼 옛날 궁궐 안에 들어온 '소화'라는 궁녀가 있었다. 어느 날 그녀의 발그레한 볼과 얌전한 자태가 임금님의 눈에 띄어 하룻밤의 성은을 입고서 빈이란 자리에 오르게 되었고, 궁궐 한편에 처소도 마련하게 되었다. 그러나 다른 빈들의 이간질로 왕은 소화의 처소에 발길을 끊게 되었다. 이런 사실을 알 리 없는 소화는 임금님 오시기만을 목 빠지게 기다리며 하루하루 시간을 보냈다. 혹시나 임금님이 자기 처소에 가까이 오시지나 않을까? 그 발자국 소리라도 들리지 않을까? 소화는 처소 주위를 서성이며, 수시로 담장 밖을 살피게 되었다.

한 달 두 달… 일 년 이 년… 임 향한 일편단심에 무심한 세월은 흘러만 갔고. 기다림에 지친 소화는 결국 두 번 다시 임금님을 뵙지 못하고 시름시름 앓다가, 어느 무더운 여름날 눈을 감게 되었다. "저를 처소 담장 아래에 묻어주세요. 죽어서라도 임금님을 기다리겠습니다."라고 시녀들에게 유언을 남기고.

그렇게 담장 밑에 묻힌 소화는 이듬해 여름, 환생이라도 한 듯 덩굴을 뻗어 담장 너머로 아름다운 꽃을 피워 '능소화'가 되었다고 한다.

능소화의 전설은 가련하고 가슴 아픈 사연이지만, 우리 집 능소화는 밝은 표정에 기쁨뿐이다. 담장 안에서 밖을 내다보며 주인이 무사히 돌아오길 기다리다 환하게 웃으며 반겨준다. 나는

'파크빌라 능소화'에 새로운 꽃말을 지어주고 싶다. '환영'이라고.

가을바람이 불어오니 꽃들은 자취를 감췄다. 나는 담장 안의 능소화를 바라보며 내년의 염천을 손꼽아 기다려본다.

빈이 된 궁녀가 시샘으로 쫓겨나니
그리운 임 못 잊어 담장 타고 기어올라
꽃잎은 화려하여도 속절없는 명예뿐

삼복의 열기 속에 지쳐서 늘어져도
돌담엔 화사한 꽃 주렁주렁 매달려
반기는 소화의 자태 잊을 수가 없어라

-「능소화 사랑」

독도의 존재

나는 바다를 좋아한다. 바닷물 위로 작은 모습을 드러내고 조용히 있어도, 삼켜버릴 듯 몰아치는 태풍에도 끄떡없는 그 바위를 더 사랑한다. 그 바닷속의 바위를 해암(海巖)이라 할까.

해암이 하도 마음에 들어 나의 호(號)로 만들었는데, 따져보면 50년도 더 전의 일이다. 본래 호라는 것은 별명이니, 동료나 웃어른이 지어주는 것이 보통이고 제격이리라. 그런데 머리도 기르지 못한 풋내기가 겉멋부터 들었던 것 같다. 몇 놈들이 모여서 대학입학시험 준비를 하느라 고시주를 암송하다가, 정철에 '송강'이란 호가 붙어 있는 것을 보고, 우리도 각자 호를 만들어 갖자고 하여, 숙고하던 끝에 만든 것이 해암이다. 평생 그 호를 불러준 사람은 없었지만, 나 혼자만은 마음속으로 수없이 불러 주며,

해암과 같은 사람이 되자고 다짐해 오다 보니 고희까지 넘기게 되었다.

그래도 해암을 요긴하게 써먹은 적이 두 번 있었다. 회갑이 되자 제자들이 회갑기념논문집을 만들어주겠다고 호를 알려달라니, 연유야 어찌되었든 선뜻 알려줄 수가 있었다. 또 한번은 정년퇴직을 할 때이다. 염치없이 정년퇴직기념논문집을 또 받을 수도 없고, 생각 끝에 회고록이나 자서전을 써 보려고 했으나, 솔직하게 기술하자니 용기도 안 나려니와, 관련된 분들에게 누를 끼치는 결과가 될 것 같았다. 하는 수 없이, 평생 쓴 잡문이나 책의 서문, 연설, 주고받은 편지 등을 모아서 『海巖의 自畵像』을 출간하기로 한 것이다. 교정을 다 마치고, 책의 표지를 어떻게 꾸밀 것인지 걱정을 하는데, 출판사의 사장이 어디선가 멋있는 바닷속의 바위 사진을 찾아내었다. 우리나라 한려수도의 어느 바위 사진인 줄로만 알고, 참 멋있구나 만족해하면서 책 표지에 넣어 찍어 냈다.

출간 후 몇 해가 지나도록 모르고 지냈는데, 얼마 전에 독도 문제가 불거진 것이다. 우리 어선을 사이에 두고, 한일 양국의 군함이 일촉즉발의 대치 국면을 연출하는 바람에 독도의 사진이 TV의 화면에 클로즈업된 것이다. 비바람에 다듬어진 바위 결에다 '행운의 관문'까지 붙어 있는 독도를, 그대로 옮겨다 수반 위에 앉힐 수만 있다면 얼마나 멋있는 명품수석이 될까 감탄을 하다 자세히 보니, 『해암의 자화상』 표지사진과 똑같지 않은가?

아뿔싸. 내가 독도의 모습도 멋도 모르면서, '독도는 우리 땅'이라고 떠들었으니 얼마나 부끄러운 일인가! 조여드는 자괴감을 떨칠 길이 없었다. 출입을 금지시켰던 당국의 처사만으로 변명이 될 수는 없는 노릇이다.

독도는 이제 미적 평가나 경제적 가치가 문제가 아니라, 국민의 자존심과 주권의 문제로 부각되었다. 확실한 수호대책을 위해서는 상대인 일본을 알 필요가 있는데, 그것이 그렇게 간단치가 않다. 되돌아보면, 일본 사람들은 그동안 괴상한 짓들을 되풀이 해왔다. 접근도 못하는 자들이 독도를 주거지로 등록을 하기도 하고, 시마네현(島根縣) 의회는 '다케시마의 날'(일본에서는 獨島를 竹島라고 한다)을 2월 22일로 지정하는 조례를 만드는가 하면, 거물급 인사들이 이 사람 저 사람 바꿔가며 망언을 되풀이하고 있다. 한국과 유리한 협상을 하기 위한 것이냐, 시마네현 어민의 생업을 지원하기 위한 것이냐, 영토분쟁을 일으켜 장차 침략의 구실을 만들자는 것이냐, 사람 따라 의견이 분분할 수 있으나, 문제는 그들이 '혼네'를 그렇게 쉽게 드러내지를 않는다는 데 있다.

나는 교토(京都)에서 객원교수로 6개월을 지낸 적이 있다. 나름대로 일본말을 열심히 배운다고 노력했었는데, 돌아올 무렵에야 일본말에는 혼네(本音)와 다데마에(建前, 立前)란 말이 있다는 것을 알았고, 나고야경제대학에서의 강의경력도 어언 7년째 들어가니 일본 사람을 조금은 이해한다 할 만도 한데, 아직도 그 혼네를 파악하는 방법을 터득하지 못해서 애를 먹기도 한다.

'다데마에'란 표면에 나타낸 말이나 명분이고, '혼네'는 마음속에 숨겨둔 참뜻, 본심(속내)을 말한다. 일본 사람들은 겉으로 하는 말과 속마음이 흔히 다를 수 있으니 혼네와 다데마에라는 말이 생겼겠지만, 감정이나 생각을 직설적으로 토로하고 마는 한국인에게는 그런 말이 필요가 없었으리라. 그러니 본음(本音)이란 한자를 그대로 번역을 할 수가 없고, 건전(建前)이라는 말이 우리말에는 없다.

좋게 말하면 일본인의 언행은 외교적이고 세련미가 있다고 할 수도 있으나, 나쁘게 말하면 이중적이요 표리부동이다. 어느 편이 좋고 나쁘고를 따져보자는 것은 아니다. 불쑥불쑥 내뱉는 우리 정치인들의 말버릇이 얼마나 상대방이나 국민들의 마음을 당혹스럽게 하는가를 생각하면, 일본 사람들의 혼네와 다데마에라도 좀 배웠으면 하는 때도 있다.

일본 사람들은 기록의 명수요 보존의 달인이기도 하다. 때로는 날조도 잘한다. 홋카이도(北海道) 지방에서, 동북구석기문화연구소 부이사장을 지낸 후지무라 신이치(藤村新一)가 구석기 유물을 미리 묻어 놓았다가 발굴한 사실이 뒤늦게 밝혀지는 바람에, 일본의 구석기문화가 3만 년 내지 5만 년 후퇴해야 했고, '거대한 거짓말'에 놀아난 역사교과서도 다시 써야 하는 날조사건이 신문을 장식했던 적이 있었다.

그렇다면 지금의 엉터리 거주지 등록이나 독도의 날을 지정하는 시마네현 의회의 조례도 몇백 년 후에는 독도가 일본의 영토였다는 유력한 물적 증거물로 둔갑하지 않을까 상상을 해 본다. 그들의 혼네를 알 수가 없다면, 유비무환이라 했으니 그저 단단히 대비하는 수밖에 없겠다. 당연히 정부 차원에서 대책을 잘 강구해야 하겠지만, 그 흔한 시민단체 중에 독도를 사랑하는 '독사모'는 없는지 아쉽기만 하다.

'가깝고도 먼 나라'가 동북아시아에만 있는 것은 아니다. 힘센 나라가 주위를 평정하고 온갖 좋은 것을 빼앗아가는 것이 곧 인류의 역사였으니, 지구촌 구석구석에 가깝고도 먼 나라들이 얼마든지 있다. 그러나 과거사를 청산하는 방법에 따라서는, 선린우호관계가 회복되어 서로 협조하며 번영을 누리는 나라들도 얼마든지 있다. 일본인의 혼네가 무엇이었든 상관없다. 이제부터라도 독도의 존재를 '있는 그대로' 인정하고, 가깝고도 '가까운' 나라가 되려고 노력하는 행동이 앞서면 되지 않겠는가? 시마네현, 독도, 그리고 경상도 사이에 마음의 연육교가 가설될 날이 돌아오기를 기원해 본다.

(2005. 8.)

배롱나무 사랑

겨울의 끝자락에 이르면 봄을 기다리는 마음이 성급하게 달뜨기 마련이다. 차례로 피어날 꽃봉들의 미소가 내 가슴을 마구 달구니 이를 어쩌랴.

그 화사한 봄 처녀가 아쉽게도 찾아왔나 하면 어느새 자취를 감추니 안타깝기 그지없다. 봄을 마음껏 즐기기도 전에 지구가 더워진다며 여름이 성큼 다가선다. 불순한 날씨에 주춤거리던 꽃들도 이렇듯 갑자기 더워지면 순서도 없이 함께 꽃잎을 펼치고 마는가 보다.

짧은 봄이 아쉽지만 한편으로는 배롱나무꽃을 빨리 보게 되는 셈이니 자연 기다림으로 나날을 보낸다. 더위가 극성을 부려 모두가 지칠 무렵 붉게 꽃떨기를 다는 배롱나무야말로 꽃나무 중에 으뜸인 성싶다. 그 기다림과 설렘을 글로 적어보기도 하고, 노래하기도 했다.

나의 배롱나무 사랑은 어려서부터 시작된다. 고향의 신륵사로 놀러 가면 그 나무를 이름조차 모르면서 무턱대고 좋아했으니 철부지의 풋사랑이라 할지. 그때는 꽃이 예뻐 반한 것은 아니다. 둥치가 매끄러워 오르내리기 좋았고, 높지 않은 곳에 가지가 여럿 벌어져서 올라앉아 놀기가 편했기 때문이다.

철이 들면서 내 사랑은 깊고 뜨거워진다. 굳이 기어오르지 않고 떨어져 바라만 보아도 왠지 마음이 편하고 머리가 숙어진다. 그렇다고 배롱나무는 잘났다고 하늘 높이 치솟지도 않는다. 낮은 자세로 '굽은 가지가 많이 뻗어서 수형이 가부좌를 튼 것 같기도 하고, 자라면서 시커먼 껍질을 조금씩 벗어젖히며 매끄러운 살결을 드러내 보이니 수도승의 수행' 같아 뵈는 것이 좋아서이다.

목백일홍이라고 한 번 핀 꽃이 백일을 가는 것은 아니다. 화무십일홍이라 하지 않던가. 먼저 핀 꽃은 열흘이 못가서 지겠지만 계속해서 새로운 꽃망울을 터뜨리니 백일을 피어있는 상태인 셈이다.

속세를 저버리고 구도의 길에 들어섰다지만 젊은 나이에 끓어오르는 열정이사 어찌하겠는가. 솟아나면 지우고 또 지우며 기나긴 세월을 수행할 것이니, 염천에 더위가 다 가도록 꽃을 피워가며 열정을 불태우는 이 나무야말로 수도승과 더불어 수행에 정진하는 거룩한 수도목이 아니더냐. 속된 생각에 애처롭기는 하지만 절로 머리가 숙어진다.

-「배롱나무 꽃길」 중에서

배롱나무는 홀로 서 있을 때보다 특히 무리 지어 있어야 그 꽃이 사뭇 황홀하다. 배롱나무 꽃길에 나보다 더 홀린 상남 시백을 따라 뜨거운 여름이면 남녘으로 나들이에 나선다. 울진의 덕구리 고개를 넘으면 배롱나무들이 수십 리 긴 줄을 지어 도열한 꽃대궐을 만난다. '야트막한 키에 우산살 같이 가지를 뻗어 붉은 꽃떨기를 잔뜩 달고, 스치는 바람결에 간질이지 않아도 바르르 떤다. 온 천지를 붉게 물들일 듯 타오르는 지심(地心)의 불길'을 나는 달린다.

(2012. 8.)

백두산 등정기

고희기념 트레킹

결혼을 안 한 아들딸이 아직도 셋이나 있으니 고희 잔치를 벌이게 놔둘 수도 없고, 그렇다고 제자들로부터 고희기념논문집을 받는 것도 번거롭고, 결국은 나 혼자 할 수 있는 백두산 등정이나 단행하여 내 인생길에 이정표를 세우는 것이 좋을 것 같았다.

백두산(창베이샨, 長白山)은 천지를 중심으로 2,500미터 이상의 봉우리만도 16개를 거느리며, 태고의 신비 속에 인간의 접근을 거부하고 있는 우리 민족의 영산이다. 흔히 다녀오는 백두산 관광이란 천문대가 있는 천문봉(2,670미터) 턱밑까지 8인승 승합차를 타고 가서 5분 정도 걸어서 정상에 올라 사진만 찍고 내려오는 것이 보통이다. 그러나 백두산 관광의 백미는 서파트레킹, 특히 외륜봉 종주라 하겠다.

서파(서쪽)트레킹은 천지의 서쪽으로 끝없이 펼쳐지는 고원의 초원지대와 고산식물의 보고인 구릉지대를 오가며 즐기는 생태 관광코스를 말하고, 외륜봉 종주는 조·중국경표지석으로부터 청석봉을 돌아 백운봉(2,630미터), 녹명봉, 차일봉을 거쳐 소천지(小天池) 옆으로 내려오는 장장 12시간의 산행을 말한다.

들꽃길 오십리

장춘비행장에서 연길까지 국내선으로 바꿔 타고, 다시 관광버스로 몇 시간을 달려 저녁 9시도 훨씬 지나서야 하늘 아래 첫 동리라는 백두산의 관문 이도백하(二道白河)에 도착, 신달호텔(信達賓館)에서 허기진 배를 채우고 백두산의 꿈을 꾸며 피로를 풀었다.

6월 27일 아침 4시 눈을 뜨니 벌써 훤하게 밝았다. 날씨는 전날이나 다름없이 맑았다. 연길 지역에서만 자란다는 쭉 곧은 미인송(美人松)을 비롯해서 자작나무 등 이름 모를 각종 활엽수가 울창한 원시림 숲을 좌우로 바라보며 얼마쯤 달려가니 백두산 산문이 나온다.

중간에 비포장 길이 끊어지자 8인승 승합차로 바꿔 타고 초원 깊숙이 들어갔다. 활엽수대를 지나 사스레나무 군락지, 전나무지대를 통과 수목한계선을 넘는다. 워낙 광활하고 완만한 고원지대인지라 경사를 못 느꼈지만, 해발 1,700미터 고원을 거닐고 있는 것이다. 맑은 날씨에 백두산 봉우리 능선이 손에 잡힐 듯 선명하게 다가서 있고, 초원의 청초한 들꽃들이 한껏 아름다운 자태를 뽐낸다. 들꽃 천지다. 남색 붓꽃, 붉은색 복주머니난(개불알꽃), 털 복주머니난(털개불알꽃), 노란 금매화, 화살곰취, 구름국화, 하늘매발톱, 미나리아재비, 바이칼꿩의다리 등 기이한 형형색색의 꽃들이 우리를 반긴다. 6월 중순부터 봄꽃이 피지만, 9월 초순이면 눈이 내린다니 7월이면 한창이고, 고지대로 높이 올라갈수록 개화가 빨라진다.

금강분지의 초원을 내려다보고 돌아오니, 금강고원의 풀밭에 옹기종기 모여 앉은 대원들이 한판 벌이기 시작했다. 초원의 노천음악회를. 윤 대장이 걸머지고 온 우쿨렐레를 꺼내 반주를 하며 머리에 고정시킨 하모니카마저 신나게 불어대니 회원들이 합창하는 맑고 청아한 노랫가락이 조용한 초원 위로 끝없이 퍼져간다. 영화 「Sound of music」의 장면을 연상하게 하는 초원이라더니, 들꽃 속에 취한 대원들이 정말 조연이라도 된 줄로 착각을 하는지, 합창에 흥을 돋우다 일어나 왈츠까지 추어댔다.

돌아오는 길에 노천 온천이라는 골짜기 물에 발을 담그고, 따끈따끈한 왕모래에 발바닥 마사지를 하며 휴식을 취했다. 천지가 용암을 분출할 때 이루어졌다는 금강대협곡을 둘러보고, 신비한 연못으로 알려진 '왕지'를 찾는 등 풀밭 길을 온종일 거닐다 보니 온몸에 피로감이 스며든다. 최 제독의 만보계가 19,000을 넘어섰으니 워밍업치고는 좀 지나쳤지 않은가. 오늘의 트레킹은 가벼운 시작에 불과하다는 바람에 다음 날의 종주 등정을 포기하기로 작정하고, 백운봉 산장에서 불편한 대로 하룻밤을 보내야 했다.

다음 날 아침 일찍부터 서둘러 8인승 승합차에 나눠 타고 천지를 향해 나무 한 그루 없는 고원 길을 구불구불 달렸다. 7부 능선쯤 되는 곳에서 모두들 내리니, 수천 개의 돌계단이 능선까지 아득히 이어진다. 발걸음은 무겁고, 쉬고 또 쉬어도 올라갈 길은 멀기만 하다. 대부분의 관광객은 이 돌계단 길에서 지쳐 천지를 바라보고는 되돌아 하산한다고 한다.

숨을 몰아쉬며 능선에 올라서니 감격의 탄성이 저절로 튀어나온다. 그 광활함과 푸르다 못해 시커멓게 보이는 물속에는 산봉우리의 그림자가 투영되어 병풍처럼 천지를 둘러싸고 있다.

천지를 배경으로 사진 한 장이라도 찍을 수 있기를 출발 전부터 빌어 왔다. 비 오는 날이 대부분이며, 맑은 날씨라도 변덕스러워 언제 먹구름에 뒤덮일지 모르는 것이 백두산 날씨라고 들었기 때문이다. 그런데 우리는 4박 5일 쾌청한 날씨 속에 바람도 구름 한 점도 없는 나날을 보냈다. 축복받은 outdoor 7팀이여!

고뇌의 결단

천지의 사진을 찍고 또 찍고, '대~한민국'을 소리 높이 외쳤다. 마냥 즐거운 시간이 흘렀는데, 드디어 윤 대장의 명령이 떨어졌다. 외륜봉 종주를 할 A조는 자기 앞에 줄을 서란다. 한 사람이라도 낙오자가 생기는 경우에는 대책이 없는 백두산이다. 구조대원도 헬리콥터도 없는 곳. 최 부장의 겁주는 저지성 설명에 몇 번이고 주저하다 결국은 어려운 결단을 내렸다. 설마하니 아줌마 대원을 못 따라가랴 하는 오만한 생각에서.

노호배(老虎背)능선을 타고 야생화트레킹을 즐길 B조 대원인 이양준 선생과 이영회 회원들, 현지 가이드 한 사람과 백산기획의 최 부장을 남겨두고, 종주팀은 청석봉 허리를 감돌며 발걸음을 옮겼다.

제일 앞에 현지 가이드, 조따거(趙大哥)를 앞세우고, 그 뒤에 여성 대원이 줄을 서고, 뒤따르는 남자 대원 앞에는 제일 고령인 나를 세우고, 윤 대장은 맨 뒤에서 총지휘를 한다.

골짜기를 내려갔다 가파른 돌 더미 길을 다시 올라가기를 거듭하나, 능선에 오르면 또 다른 천지의 모습이 대원들의 가슴을 부풀게 한다. 힘든 비탈길도 1분간 서서 쉬는 동안 돌아서서 까마득하게 전개되는 계곡의 아름다움에 취하다 보면 피로를 잊고 다시 발걸음에 힘을 주게 된다.

백운봉을 넘기 전에 천지물이 새어 나와 흐르는 계곡을 만났다. 모두들 수통에 식수를 채우고, 뼈가 저려오는 찬물에 발을 담그고 피로를 씻어낸다. 신발 끈 풀고 양말 벗는 것도 귀찮아서 그대로 쉬려 하니 윤 대장이 자꾸 벗으라고 권한다. 마지못해 벗고 바위에 걸터앉아 물에 발을 담갔으나, 30초도 견딜 수 없어 일어나려 하니 윤 대장이 달려들어 왼발, 오른발을 자례로 씻이주고 주물러 주는 게 아닌가? 얼떨결에 당하고 웃어넘기기는 했지만, 생각할수록 고맙고 황공할 뿐이었다. 예수가 제자의 발을 씻어 주었다는 기록 외에 대장이 연장자라고 발을 씻어 주었다는 기록은 전무후무할 것이다.

돌아오는 마지막 능선 길에선 호텔 옆 흰 건물이 빤히 내려다 보인다. 그러나 풀밭 산을 넘고 넘어도 여전히 펼쳐지는 넓은 초원에, 고만 지치고 만다는 하산 길이다. 갈수록 뒤처지는 내 뒤에 윤 대장 자신이 바짝 뒤따르고 씽씽한 이화영 선생과 그의 룸메이트가 뒤따라 줬다. 이심전심 염려를 한 나머지 만약의 경우에 대비한 배려가 아니었던가 생각하니 한없이 고맙고 죄송하기도 한 노릇이다.

외륜봉 종주의 백미

봉우리를 돌아 능선에 올라설 때마다, 오른쪽으로는 천지가 또 다른 모습과 물빛을 보여주고, 곧 무너져 내릴 듯 사정없이 깎여져 내린 기괴한 봉우리는 풀 한 포기도 활착을 거부하며 태곳적 그대로의 광석 빛을 드러내고 있다. 그 장엄하고 신비로운 천지와 준봉의 위용을 하루 종일 싫증이 날 만큼 바라볼 수 있었으니, 다시 몇 번이고 행운을 실감하게 된다.

그러나 천지의 전망은 오히려 단조롭다 하겠다. 왼쪽으로 끝없이 완만하게 펼쳐지는 푸른 능선과 초원을 가르는 골짜기들. 가까이 보면 흙빛 이끼가 5, 6센티미터씩은 뒤덮여 양탄자보다 푹신하게 발을 받쳐주고, 만병초는 활엽수거늘 자라지 못하고 풀같이 바닥에 깔려서 노르끄레한 꽃 서너 송이를 한데 모아 피우고 있다. 마구 흐트러진 바위 틈틈이 깔려 계곡을 환하게 수놓으니 참으로 장관이다.

백합과의 여러해살이 개감채로 뒤덮인 벌판 또한 황홀하기만 하다. 잎은 잘 보이지도 않는데 가냘픈 꽃대만이 3, 4센티미터 솟아나서 직경 1센티미터도 채 안 되는 흰빛 꽃 한 송이를 피워 놓고, 골짜기로부터 불어 올라오는 미풍에도 하늘하늘 흔들어댄다. 나비도 벌도 없는 고지대에서 스스로 화분을 받아 내년에 피워낼 2세의 씨앗을 만들어 내기 위해 오랜 세월에 걸쳐 터득해 낸 지혜요 생존 전략이며, 아니 처절한 몸부림일지도 모른다.

한 송이 한 송이는 참으로 볼품없는 들꽃이건만, 수천만 수억 송이의 꽃이 빼곡히 솟아나서 흔들어대는 벌판 전체를 멀리서 바라보노라면 그 누구도 흥분하지 않을 수 없으리라. 어느 독재자를 환영하는 군중들의 환호성보다도, 솟구쳤던 붉은 악마들의 함성보다도 훨씬 강렬한 몸짓과 눈빛으로 우리를 환영하는 것만 같았다.

꽃을 피해서는 발을 디딜 공간이 없고 이동할 재간이 없으니, 애처롭기 그지없으나, 힘껏 밟고 무자비하게 깔고 뭉갤 수밖에 없지 않은가!

장군봉을 바라보며

6월 29일 백두산에서의 마지막 날이다. 버스에서 내려 30분쯤 걸어 철계단을 올라가니, 멀리 세 갈래 물줄기가 보인다. 천지물이 흘러내리는 장백폭포다. 낙차가 68미터나 된다고 하나, 나이 아가라폭포를 연상해서 그런지 별다른 감흥을 못 느꼈다.

사진 한 장씩 찍고 내려와서, 8인승 승합차로 굽이굽이 천문봉 길을 올라갔다. 정상이 150미터쯤 남은 곳까지 가서 내려주니, 일반 관광객들로 붐빈다. 무너져 내리다 남은 듯, 금방이라도 다시 와르르 쏟아질 것만 같은 정상 가까이 다가서니 천지의 물빛도, 멀리 건너다보이는 북녘땅 장군봉의 위용도 새롭기만 하다.

국운이 흥성하던 옛날에는 고구려 병사들의 말발굽이 마음껏 드날렸을 서파의 끝없는 벌판이 주체할 수 없는 회한과 함께 마음속에 다가선다. 그 멀고 먼 길을 돌고 돌아 이곳 중국 땅에서 장군봉을 바라만 보아야 한다니, 천지 바로 아래가 자신의 고향인데 8살 때 남으로 내려왔노라고 종주 길에 몇 번이고 되뇌던 '왕언니'의 앳된 목소리가 되살아나며 가슴을 저리게 한다.

제한된 30분이 흘러 하산을 재촉한다. 붉은 악마들의 솟구치는 그 열정이 국력으로 승화할 때, 동방의 새 기운이 천지를 메우고, 서파의 고원으로 끝없이 퍼져 가리라는 염원만을 남겨둔 채, 아쉬움과 함께 발길을 돌려야만 했다.

(2002. 8.)

새만금 방조제

수필의 날 행사

한국문인협회로부터 희소식이 날아들었다. 코로나19 때문에 오랫동안 집콕 신세가 되어 답답한 나날을 보내던 터에 전주에서 수필의 날 행사를 한다니….

나의 본관(本貫)이 전주이니 전주는 생각만 해도 고향 같은 정겨운 이름이다. 그러면서도 전주를 한 번도 들러 본 적이 없이 스쳐가기만 했으니 이 얼마나 좋은 기회인가.

4월 28일의 행사를 생각하면 반가운 문우들의 얼굴이 떠올라 가슴이 설렜다. 그러나 더 마음이 쏠리는 곳은 돌아오는 날의 관광이었다. 염불보다 잿밥이라 했던가. 듣기만 했던 새만금을 보게 됐다.

민물바다

새만금 간척사업이야말로 단군 이래 최대 최고의 사업이 아닐까 싶다. 근 20년이 걸린 사업이었고, 앞으로도 그 활용 영역은 크게 기대되기 때문이다. 예부터 김제·만경(金堤·萬頃)평야는 옥토로 유명했다. 그런데 이 간척사업으로 인해 무려 401평방킬로미터(토지 283평방킬로미터, 담수호 118평방킬로미터)의 공유수면이 육지로 바뀌었으니, 늘어난 김제·만경을 '새만금'으로 새로 이름을 붙였다 한다.

새만금의 핵심 공사는 방조제다. 방조제 위로 자동차가 달리는 도로가 끝이 안 보인다. 약 2조 9천억 원의 사업비가 들어간 야심적 공사를 해냈다. 평균 바닥 폭이 290m, 평균 높이 36m에 총길이 33.9km나 되니, 세계 최장 방조제로 알려진 네덜란드의 주다치 방조제(32.5km)보다 1.4km나 더 길다고 자랑한다.

바다를 갈라놓은 길고 긴 둑방 길은
왼쪽은 짠물 바다 오른쪽은 민물 바다
새만금 놀라운 사업 새 역사를 빛내리

–「새만금」

이 공사를 준공하기에 얼마나 많은 난관에 봉착했을까 생각하면 가슴이 아려온다. 환경오염을 염려하는 시민단체의 저항을 비롯해서 간척사업 자체에 대한 찬반 논란이 일어 물막이 공사를 남겨둔 시점에서 공사가 2차례나 중지되기도 했다 한다. 생각은 다를 수 있고 주장은 자유이지만 국가적 건설사업일수록 신중한 기획에 적극적인 협력이 요구된다고 본다.

우리가 탄 버스는 북으로 끝이 안 보이는 일직선 길을 바다를 헤치며 달린다. 그러나 실은 왼쪽 짠물바다는 서해이고, 오른쪽의 민물바다는 새만금호수가 아닌가. 이 제방을 쌓았기에 세계적인 호수공원이 생겼으니, 앞으로 그 주변 환경을 잘 보전하면서 어떻게 활용해 갈지는 우리 모두에게 지워진 중대한 과업이 아니겠는가. 안내자는 2023년에는 세계잼보리대회가 이곳에서 열릴 것이라고 자랑을 하며, 홍보에 힘을 보태 달라고 당부를 한다.

문득 바이칼호를 탐방했던 생각이 떠오른다. 호수 속에 갇힌 열악한 환경의 작은 섬이지만 아버지의 뜻에 따라 직장을 버리고 고향으로 돌아온 여선생의 열정이 그 알혼섬을 지켜왔다고 한다.

상상의 나래를 펼치는데 버스는 어느 결에 아쉽게도 육지로 들어서고 말았다. 언젠가는 막내아들의 차를 타고라도 다시 와, 곧게 뻗은 이 길을 서서히 달리면서 아름다운 새만금의 절경을 가슴속 가득 담아가리라.

서방산 봉서사를 찾아

임인년이 되자 '문화유산사랑회'의 첫 나들이로 완주군을 방문한다는 소식이 날아들었다. 오미크론으로 집콕 신세가 되어 답답하고 지루하던 판에 기꺼이 참가 신청을 했다. 완주에 유명한 유적지라도 있을까 싶었는데 역시 김 회장님이 기획을 잘했다.

우리가 매번 타는 대형 관광버스는 금성관광인데 기사도 특정되어 있다. 김 회장은 독실한 불교 신자이니 전국의 유명 사찰을 탐방하며, 안내자와 문화 해설사 역을 전담하고 있다. 아는 만큼 보인다고 했던가. 나는 불교도 기독교도 신봉하지 않으니 불교 사적에서 받는 감회도 적고, 때로는 의문이 더 생기기도 한다. 그래도 열심히 따라나서는 것은 가 보지 못한 산을 순방하고, 언젠가는 신심이 생기지 않을까 싶기 때문이다. 다리가 약해져서 지팡이 신세를 지는 판에, 김 회장의 배려로 절에서 내어주는 차로 절 앞마당까지 모셔가니 이런 황제여행을 어디서 하겠는가.

이번에 탐방한 봉서사(鳳棲寺)는 서기 727년(성덕왕 26년)에 혜철국사가 창건했고, 많은 고승들이 수행했던 명찰이다. 물론 6·25 전쟁을 겪으면서 대부분이 소실되고 중창되기도 했으나, 많은 흔적들을 찾아볼 수 있어 감회가 새롭다.

특히 전국승려대조사(全國僧侶大祖師)로 추앙을 받았던 진묵(震默) 스님(1562~1633)이 7세 때 이곳으로 출가, 수행, 입적한 곳으로, 진묵 스님의 부도(전라북도 유형문화재 제108호)가 방문객의 시선을 끈다. 김 회장의 소개 자료에 의하면 6·25 후 부도의 이끼가 저절로 벗겨지고 새하얀 빛이 감돌고 있으며, 부도 자체도 조금씩 커지고 있어, 80년대 측정했을 때보다 81cm나 커져 있다고도 한다. 또 매년 10월 28일 진묵 스님 제사를 지내는데, 제사가 끝날 때쯤 상에 올려놓은 곡차(술)가 줄어든다고 주지 스님이 증언하고 있다고도 한다. 나는 과학과 상식의 잣대로 평가를 하고 믿으려 하지 않으니, 그래서 신자가 될 수가 없는 것일까.

나는 지금도 봉서사의 유물보다도 올라갈 때 가슴 조이던 일을 잊을 수가 없다. 젊어서 금강산 관광을 갔을 때의 생각이 떠오른다.

만물상을 가까이 접할 수 있는 천선대(天仙臺, 936미터)를 오르기로 하고, 3분의 2쯤 오른 지점에 설치한 만상정(萬相亭) 주차장까지 버스를 탔었다.

금강산의 3대 명물은 금강내기(가을과 봄에 부는 거센 바람), 안개구름, 계절 폭포이지만, 네 번째 명물은 산길 운전에 능숙한 중국 교포 운전사라고 안내양이 농담을 한다. 좁고 가파른 계곡에 자동차 길을 만들다 보니 S자의 연속일 수밖에 없다. 180도 U턴을 해야 하는 좁은 길을 돌아갈 때마다 마음 졸이게 하는 곳에 운전이 반 시간 남짓 계속되었을까….

– 졸저 「금강산의 봄」에서

그런데 봉서사 올라가는 길은 더 좁고, 골짜기 작으니 180도 U턴을 하는 경우는 더 많다. 차도 절에서 운용하는 작은 차가 아니고 우리가 타고 온 대형 버스를 그대로 타고 가니 어쩌랴. 기사는 길가의 나뭇가지에 버스 위가 긁히지나 않을까 신경을 쓰는데, 나는 앞에서 내려오는 차라도 만나면 어쩌나 마음을 졸여야 했으니…. 아무튼 운 좋은 날이다. '서방산 명물'이 된 우리 기사님의 운전 실력에 모두들 찬사와 감사의 박수를 보냈다.

드디어 봉서사 주차장에 왔다. 안도의 한숨을 내쉬며, 계단 길로 절 마당에 올라서고 보니 깜짝 놀랐다. 서방산(西方山, 617m)의 정상 가까이에 이렇게 넓은 터를 잡았을 줄이야! 넓은 터에 들어선 도량이며 요사채 등에서 봉서사의 위상을 실감할 수 있었다. '문화유산사랑회'를 따라 다니며 참관한 사찰 중 가장 인상 깊은 고찰이라 생각된다.

(2022. 2. 20)

숲동네

- 우리 동네 이야기 · 2

지난봄에 온갖 봄꽃이 다투어 피고 지며 황홀경을 연출하는 우리 동네를 '꽃동네'라고 자랑을 늘어놓았다. 그러나 봄꽃들이 자취를 감춰도 우리 동네에는 또 다른 자랑거리가 있다. 그동안 나는 빌라 단지를 감싸주는 우면산 자락을 오르내리기를 즐겼지만, 이제는 쌍지팡이 신세가 되었으니 오를 수가 없다. 그렇지만 걱정이 없다. 가까이에 평평한 숲이 있으니 발걸음을 남쪽으로 돌리면 되기 때문이다.

양재역에서 신분당선을 타면 다음 정거장이 '양재시민의 숲' 역이 아닌가. 내려서 밖으로 나오면 바로 넓디넓은 숲이다. 나는 시간이 날 때면 양재천 둑방을 즐겨 걷지만 흥이 나면 다리를 건너게 된다. 다리 밑의 맑은 물속에는 팔뚝만 한 잉어 떼들이 몰려들어 노니니 참으로 장관이다. 개천을 건너 남쪽 둑방을 타고 넘으면 바로 푸른 숲이 펼쳐진다.

번화한 주택가에 이렇게 넓은 숲이 조성돼 있는 환경을 어디서 또 찾아볼 수 있을까. 양재시민의 숲이야말로 서초구의 보물이요 자랑이 아닌가. 다만 아쉬움이 있다면 그 이름이다. '양재숲'이라고 지었더라면 더 좋았을 것을….

'양재숲'에는 녹음만 무성한 게 아니다. 넓은 공원 안에는 정구장 농구장 배드민턴장을 비롯해 야외결혼식장 공연장 등도 있어, 시민들에게 훌륭한 녹색 휴식 공간을 제공하고 있다. 특히 맨발공원에는 맨발로 걸어 지압을 받을 수 있도록 자갈을 깔아 놓은 지압보도가 눈에 띈다. 그뿐만 아니라 더 자랑스러운 것은 독립운동가인 윤봉길(尹奉吉) 의사의 발자취와 유물을 볼 수 있는 매헌기념관(梅軒記念館)이 있다는 것이다. 언제나 나무 그늘을 즐기러 오기보다 윤 의사를 만나러 오는 사람들로 붐빈다. 전철역에서 나오면 바로 앞에 매헌기념관이 웅장한 모습을 드러내니 찾아오기도 편하다.

윤봉길 의사는 농촌운동에 전념하다 상하이로 건너가 '한인애국단' 앞으로 선서문을 써 놓고 의거를 단행하였다.

"나는 赤誠으로써 조국의 독립과 자유를 회복하기 위하여 한인애국단의 일원이 되어 중국을 침략하는 적의 장교를 도륙하기로 맹서하나이다."

나는 그곳을 들를 때마다 젊어서 상하이관광단에 끼어들어 '홍커우공원'의 폭탄 투척 현장을 보고 가슴 뭉클했던 기억을 떠올린다.

작년 가을이다. 6·25참전유공자회에서 '양재시민의숲역'에서 모이자는 통지가 날아들었다. 매년 몇 번씩 6·25전쟁의 흔적을 찾아 전적지 탐방을 하는데, 이번에는 뜻밖에도 양재시민의 숲으로 간다니…. 혹시 매헌기념관이라도 관람하려는가 했는데, 기념관 건너편으로 좌회전을 해 숲길로 들어서지 않는가.

몇 발짝 안 가서 나는 깜짝 놀랐다. 높이 솟은 기념탑과 비석들이 여러 개 서 있다. 수없이 그 옆길을 지나다녔건만 못 보았으니 참으로 부끄럽기 이를 데 없다.

사각의 돌기둥에는 '遊擊白馬部隊忠魂塔'이라고 새겨져 있다. 유격백마부대란 KLO 8240부대를 말하는데, 과연 요새 젊은이들 중에 이를 아는 사람이 얼마나 될까. 잊혀가는 현실이 안타깝다.

KLO(켈로)부대는 미(美)극동사령부가 조직한 북파 공작 첩보 부대인데, 유격백마부대는 6·25전쟁 당시(1950년 10월) 북진하였던 유엔 연합군이 중공군의 개입으로 철수하게 되자, 평안북도 정주군과 박천군 일대에서 치안 활동을 하던 청년들과 오산학교 학생들이 정주군 갈산면에서 조직한 특공부대이다. 군번도, 계급도 없던 부대원 2,600여 명은 변변한 지원도 없는 상황이었음에도 신미도, 압록강, 청천강 하구 등에서 북한군과 500여 회의 교전을 치르며 서북도서를 점령하는 등 혁혁한 전과를 거두었다고 한다.

그러나 그 과정에서 대원 552명이 조국의 수호신으로 산화하고 말았다. 조국을 위하여 초개같이 자신을 희생한 그들의 애국심과 충의정신을 기리기 위해 1992년 7월 15일에 충혼탑을 건립하게 되었다.

'우리는 神聖 遊擊戰士이다./ 우리는 반공전사이다./ 우리는 민족의 선봉이다./ 우리는 자유의 전사이다.'라는 유격백마부대 선서를 읽자니, 명색이 6·25 참전유공자라고 5각의 누런색 배지를 달고 다니는 나 자신이 부끄러워진다. 조국을 위해 아낌없이 목숨을 바친 순국 영령들 앞에 옷깃을 여미며 헌시를 올린다. 임들이여, 평안히 잠드소서!

몰려오는 적병 앞에 목숨 던져 대항해
놀라운 전과 올려 나라를 구했거니
거룩타 흘린 피와 땀 청사에 빛나리라

–「유격전사들의 충정」

양재숲은 수목만 우거져 좋은 숲이 아니라 국가의 중요한 문화유산을 품고 있는 성역이며, 온 국민이 찾아들어 스스로 성찰을 하고 애국의 뜻을 굳게 다짐할 수 있는 특별한 숲이라는 생각을 해 본다.

꽃동네 한복판에 푸른 숲 싱그러워
유격전사 애국지사 절하고 즐기거니
숲속에 차린 놀이터 사시사철 붐비네 –「양재숲」

(2022. 4. 1)

전적지 찾아 춘천으로

오래간만의 즐거운 나들이다. 코로나의 기세가 꺾이자 기다렸던 전적지 순례의 연락이 왔다. 아름다운 풍광의 도시 춘천이라니 전적지의 정보보다 삼악산 케이블카와 닭갈비부터 떠오른다. 그러나 더 설레게 하는 것은 유공자회의 역전의 전쟁영웅 선배들을 만나 뵐 수 있고, 오각의 누런색 배지와 '6·25참전유공자'란 글씨가 박혀 있는 모자를 쓰고 나선다는 자부심이다.

나는 춘천을 여러 번 다녀왔지만, 부끄럽게도 에티오피아 파병군의 6·25참전현충탑과 한국전 참전기념관이 있다는 것을 몰랐다. 편안한 28인승 리무진버스는 춘천 시가지를 벗어난 근화동에 예정대로 안내를 했다.

먼저 6·25참전현충탑에서 참배를 하고, 대로 건너편에 세워놓은 한국전 참전기념관으로 갔다. 돔 모양의 거대한

지붕 세 개가 나란히 연결된 건물이다. 아프리카에라도 찾아온 듯한 이색적인 분위기를 느낀다.

머나먼 땅 저 끝에서 서둘러 달려와
젊음 바쳐 싸워준 전쟁영웅 수천 명
그 공로 잊을 길 없어 하늘 높이 세웠네

기념탑 건너편에 돔 모양의 색다른 집
친구 나라 살림살이 풍물도 보여주니
고마움 가슴에 새겨 두고두고 갚으리

-「에티오피아 한국전 참전기념관」

1층에는 에티오피아군이 참전하게 된 배경과 전투 상황 등을 설명하는 참전기념실과 아프리카의 위치와 현황을 설명하는 영상물을 관람하는 다목적실이 있다. 2층에는 아디스아바바시(에티오피아의 수도)와 춘천시와의 교류를 알 수 있는 교류전시실과 에티오피아의 문화 종교 생활풍습을 소개하는 풍물전시실이 있다.

6·25전쟁이 일어나자 에티오피아는 서둘러 강뉴부대를 파병하여 화천, 철원, 양구, 가평 지역에서 전투를 하였다. 강뉴(Kangnew)는 적에게 결정적 타격을 주거나 궤멸시킨다는 뜻이라 하는데, 후퇴를 모르는 용감한 부대로 명성이 높았다. 단 한 번의 패배도 없이 승전보를 알리기도 했다.

서둘러 달려와 준 강뉴부대 육천여 명
주둔한 춘주 근교 휴전까지 지켜내니

그 용맹 후퇴를 몰라 전사에 빛나리라

-「용맹스러운 전사들」

참전용사 고 맥코터 씨는 "단 한 명의 중국인도 우리의 참호에 들어오지 못했다"고 회고를 했으며, "한국 땅에 묻어달라"는 유언까지 남겨 부산 유엔기념공원에 안장되기도 했다. 또 쉬퍼로우 게브레 볼드 참전용사는 "내 비록 온몸에 총탄이 박히고 팔, 다리를 잃었지만, 한반도의 자유를 위해 싸운 자부심으로 한평생을 살아왔다"라고 한국전을 회상하기도 했다. 기록을 보면 에티오피아의 파병 인원은 6,037명이고, 인명 피해는 657명(전사 121명, 전상 536명)이다.

한국전 참전기념관이야말로 자유와 평화를 위해 피 흘린 강뉴부대의 전공과 희생정신을 기리며 그 고마움을 상기시키는 산교육장이 아닌가.

2004년 5월에 춘천시는 아디스아바바시와 자매결연을 맺었고, 자매결연 기념 보훈사업의 일환으로 에티오피아에 한국전 참전용사회관과 한국전 참전기념탑을 건립했으며, 컴퓨터와 소방차 등을 지원해 주고 있다. 참전 16개 우방의 협조와 희생 덕에 한국이 폐허를 딛고 일어나 오늘의 번영을 일궈냈으니 결코 그 고마움을 잊을 수 없고, 그 보답을 하는 데 앞장서야 하리라고 다짐해 본다.

전적지 참관을 마친 뒤 소문난 춘천 닭갈비와 막국수로 점심을 먹고 관광에 들어갔다.

의암호와 삼악산이 어우러져 보기 드문 절경이 눈앞에 전개되었는데, 더 놀라운 것은 삼악산 정상까지 케이블카로 오르내리며 발아래로 내려다보는 입체관광을 하다니… 참으로 격세지감을 느낀다. 젊어서 삼악산을 오를 때 절벽 길에서 땀을 뻘뻘 흘리며 숨을 헐떡이던 생각이 떠오르니 감회가 새롭다.

맑은 물가에 춘천 삼악산호수케이블카란 글자가 박힌 시설물이 들어서 있다. 케이블의 길이는 3,619m이며, 국내 최장의 케이블이라 한다. 편도 15분이 걸리며. 66개의 캐빈이 매달려 동시에 운행하니 놀라운 시설이다. 참으로 장관이다.

땀 흘려 올라갔던 삼악산 험한 절벽
쇠줄에 매달려서 단숨에 오고 가니
세상이 너무도 편해 옛 추억이 새롭네

– 「춘천 삼악산호수케이블카」

돌아오는 버스에서 "매년 서초구 보훈단체에게 전적지 순례를 다녀올 수 있도록 지원해 주시는… 서초구청에게 매번 감사한 마음을 느낍니다"라고 한 김재권 서초구지회장의 인터뷰 기사를 읽으면서, 나도 전적으로 공감하며 서초구의 지원과 지회장의 수고에 감사의 박수를 보냈다.

제주 나들이 단상

누구도 겪어 보지 못한 역병이니 이렇게 오래갈 줄은 예상하지 못했다. 외출도 못하고 친구조차 만날 수 없는 나날을 억지로 견뎌냈다. 사회적 거리두기가 완화되고 해외여행까지 할 수 있게 되니 어른 아이 가릴 것 없이 들뜨기는 같지 않은가.

금년의 어버이날은 마침 일요일이다. 자식들이 2박 3일의 제주 나들이를 제안하니 엄마는 어린애같이 좋다고 짐 싸며 수선을 떤다. 제주공항에서 승용차 한 대를 렌트하니 두 아들과 우리 내외가 어디든지 마음껏 달리며 즐길 수 있다. 문제는 내가 지팡이를 짚고 멀리는 걷지를 못하니 어쩌랴.

나는 제주도를 여러 번 가 보았다. 야자나무 가로수와 야트막한 돌담으로 둘러싸인 전원 풍경이 인상적이었다.

그런데 그동안 제주도는 많이도 변화를 했다. 바닷가를 떠나면 2, 3층 건물이 즐비하니 육지의 다른 도시와 구별이 안 된다.

경치가 좋다는 곳을 찾아 달리고, 소문난 맛집을 찾아 색다른 음식으로 입맛을 돋우는 것이 이번 나들이의 목적이다. 막내아들이 짜놓은 스케줄에 따라 즐기기만 하면 되니 참으로 마음 편한 효도관광이다.

CNN에서 우리나라 관광지 50선을 선정했는데 성산일출봉이 1위로 뽑혔다고 하니 제일 먼저 들르고 싶지만, 내가 따라 올라갈 수가 없어 아쉽지만 포기하고 말았다. 도중에 있는 함덕해수욕장을 들러 점심을 먹고 신록의 숲이 우거진 꼬부랑길을 마냥 달렸다. 차창을 열면 상큼한 풀냄새와 시원한 바람에 나뭇잎이 손에 닿을 듯 스쳐가니 이렇게 좋은 힐링 공원을 어디서 경험할 수 있단 말인가.

초록색에 취해 얼마를 달렸을까, 드디어 처음 들어보는 에코랜드에 들어왔다. 새로 만들어진 시설이니 제주의 발전에 놀라지 않을 수 없다.

무려 30만 평이 넘는다는 숲속으로 기차를 타고 여기저기 관람할 수 있다. 운행하는 증기기관차는 1800년대식 모습을 그대로 간직하고 있고, 5, 60센티쯤 될 듯한 협궤 선로를 서서히 달린다. 테마별로 다양한 코스가 준비돼 있으니 기차로 이동하면서 중간 역에서 승하차도 할 수 있다. 우리는 호수공원을 보려고 중간 역에서 내렸다.

제주에는 물이 귀한 줄로만 알았는데 산속에 큰 호수가 있다니 신기하기만 하다. 맑은 물 위에 여러 개의 오리보트가 한가롭게 떠다닌다. 4인승 보트인데, 막내아들이 발로 저으며 핸들로 방향을 조정하니 우리는 동심으로 돌아가 손을 흔들어대며 즐기기만 하면 된다.

표 받는 직원에게 나올 때 호수 이름이 무엇이냐고 물으니 '만호'라고 대답한다. "만호가 뭐요, 부르기도 나쁘고. 내가 이름을 지어 줄 터이니 '2만호'라고 하시오." 나와서 알아보니 이 호수의 넓이가 2만 평이나 된다고 한다.

나는 바닷가에 각양각색의 모습을 한 거대한 돌기둥이 모여서 절벽을 이루고 있는 '주상절리대'를 제일 좋아한다. 전망대도 있고, 오르내리는 계단도 잘 정비해 놓았으니 젊어서 본 환경과는 많이 달라졌다. 그러나 그 절묘한 천연 예술품의 아름다움과 멋진 풍광에는 더욱 매료되니 세월 따라 나의 감성도 많이 변한 모양이다.

푸른 들판 떠받치고 험한 파도 막아내
절벽 이룬 기둥 돌 갈기갈기 찢겼거니
그 모습 신비로워서 눈길을 뗄 수 없네

-「주상절리대 · 2」

금강산도 식후경이라 했던가, 소문 난 맛집들을 찾아야 했다.

흑돼지, 전복, 신선한 해물요리가 가지각색이나, 가장 인상적인 것은 은갈치 요리다. 갈치 맛이야 큰 차이가 없겠지만 분위기가 인상적이다. 은빛 나는 긴 갈치를 머리부터 꽁지까지 자르지 않고 일자로 펴 놓은 채 요리를 했으니 이색적이다. 요리하는 그릇도 긴 4각의 냄비요, 불판도 길게 만들었으니 찾아온 고객의 추억 속에 오래오래 남으리라. 식당 주인의 반짝이는 아이디어다.

한라산 등정은 다음 기회로 미루고, 출발하는 날의 비행기 시간을 고려해서, 중문의 삼방산 밑에 지어놓은 Y리조트에서 마지막 밤을 보내기로 했다. 평평한 들판과 끝없는 바다만 보이는 해변가에 난데없이 큰 돌산이 솟구쳐 있다니 신비롭기도 하고 산과 바다가 어우러져 아름답기 그지없다. 방마다 와인을 한 병씩 넣어주니 서비스도 만점이다. 한 병은 나눠 마시고, 남은 두 병은 공항에 나와 준 서 교수에게 선물로 주고 왔다. 다음에 제주를 와도 또다시 찾아가리라.

지명 하나 때문에

마지막으로 교정을 보는 날이다. '차마고도'에서 茶 자가 車 자로 바뀐데 놀라, 본문을 다시 주의 깊게 읽어 내려갔다.

"성도에서 하룻밤을 쉬고 몽정산(蒙頂山)으로 향했다. 사천성 야안(雅安)에 있는 명산이다." 여기서 의문이 생겼다. '야안'이 맞는지, '아안'을 '야안'으로 오타를 친 것인지. 중국어를 모르는 나로서는 판단하기가 어렵다. 四川省을 '사천성'으로 읽었으면 雅安도 '아안'이 맞을 듯도 한데….

문득 보훈회관에서 중국어 회화를 가르치던 K 강사가 떠오른다. 이 무더위에 귀찮은 일이지만 어쩌랴. 고맙게도 즉시 회답이 왔다.

문의 주신 사항은 성도는 '청두(成都)', 몽정산은 '멍딩산(蒙

顶山)', 사천성은 '쓰촨성(四川省)', 야안은 중국어 발음이니 그대로 두어도 됩니다.

우리나라에서 중국어 발음표기는 근대를 전후로 방법을 달리합니다. 고대의 인물인 공자를 꽁즈, 맹자를 멍즈라고 표기하지는 않지만, 현대에서도 쓰는 지명은 원음에 맞춰 표기하시는 게 좋으세요. 괄호 하시고 한자를 같이 표기하시면 중국어 원음 지명에 익숙하시지 않으신 분들께서도 보시기 좋답니다.(저는 간자체에 익숙해서 간자체로 하였지만, 번체로 넣으셔도 좋아요)

회답을 받고 보니, 더 큰 걱정이 생겼다. 이번의 수필집에는 중국의 기행문이 4편 실려 있으니 나머지 3편도 바로잡아야 하지 않겠는가. 하는 수 없이 또 3편까지 모두 고쳐 주십사 생떼를 썼다.

귀한 글에 제가 빨간 표시도 하고 단어에 줄도 그어서 죄송해요.

우선 중국 여행을 이렇게 많이 하셨다는 것에 놀라고 글을 읽으며 제가 가 본 장가계에 대해서는 어떤 느낌이었나 떠올려 보기도 한 시간이 되었답니다.

유학 중에 부모님 모시고 배운 실력 발휘한다며 현지 가이드 한 명 붙여서 통역해 드렸던 기억이 새록새록 했어요.

『잃어버린 지평선』은 제가 요즘 중국어 오디오북으로 틈틈이 듣고 있던 책이라 너무너무 반가웠어요.

장가계의 경우 우리나라에서는 장가계라고 해야 인지도가 더 높은 지명이라 고민도 좀 했어요. 그런데 몇 년 전부터는 여행사 광고 포스터에도 '장자제'라고 표기하고 있답니다.

수필이니 마음이 가시는 쪽으로 선택하셔도 무방하다고 봅니다.

덕분에 좋은 글 읽으며 언제나 다시 여행을 떠날 수 있을까 하는 생각과 덩달아 여행하는 기분도 들었어요. 조용한 밤 집중할 수 있는 시간이었답니다.

감사합니다. 먼저 살짝 보여주셔서! 평안한 밤 보내셔요!

마음씨 고운 고운님과의 인연이 맺어져서 이렇게 술술 풀리니, 내가 『인연의 메아리』에 실은 「고마운 님」이 다시 떠오른다. 아름다운 인연의 메아리가 오래오래 멀리멀리 퍼져나가기를 빌며 '편안한 밤'을 보내게 되었다.

매끈한 만년 청춘 몸놀림도 가볍고
정감 어린 눈망울 재기(才氣) 넘쳐 초롱초롱
마음씨 그리도 착해 천사가 따로 없네

낭랑한 목소리에 입가에는 함박웃음
깔끔한 말 알기 쉬워 수강생 홀리거니
그 열정 차고도 넘쳐 지칠 줄을 몰라라

–「고마운 님」

(2021. 8. 3)

청주 나들이의 이모저모

고뇌의 결단

참으로 오래간만의 나들이다. 수필문학추천작가회의 가을 나들이 통지를 받자 즉석에서 참가 신청을 했다. 지팡이를 짚고도 멀리 걷지를 못하는 처지니, 행여 다른 문우들에게 불편을 주지는 않을까 걱정은 되었지만, 만용을 부렸다.

설레는 마음에 집에서 일찍 출발했으나, 현대백화점 공영 주차장에 예약된 관광버스는 오지도 않아 주차장에서 떨게 생겼다. 얼마 후에 먼저 나를 알아보고 팔을 벌리며 다가서는 S 선배가 "나의 Old boy"라며 안아 준다. 참으로 반가웠다. 늦가을 아침의 찬 기운이 싹 가실 수밖에.

청주고인쇄박물관

처가가 청주에 있었으니 나는 헤아릴 수 없이 드나들었다. 그러나 청주 하면 고속도로에서 벗어나 들어가는 가로수길, 플라타너스가 양쪽으로 늘어선 곧은 길과 무심천밖에 떠오르는 게 없었고, '직지'란 말을 근래에 와서야 들었으니 부끄러운 일이 아닌가.

'청주고인쇄박물관'을 들러야 하는데, 담당 해설사가 사정이 있어 못 나온다고 한다. 크게 실망을 했는데 대신 강미애 회장이 설명을 하기로 했다니….

미리 공부를 했다고는 하나 해설을 너무도 잘한다. 문우들을 위해 온갖 준비를 다 하면서 해설까지 구상했으니 그 열정과 봉사정신에 경의를 표하지 않을 수 없다.

직지(直指)는 『白雲和尙抄錄佛祖直指心體要節(백운화상초록불조직지심체요절)』의 통칭이고, 그 하권(下卷) 하나가 프랑스 국립도서관에 있다고 한다. 이 책은 고려시대 1377년에 청주 흥덕사(興德寺)에서 금속활자로 인쇄되었다. 그러니 독일 구텐베르크가 최초로 인쇄했던 『42행성서』(1455년)보다 무려 78년이나 앞서는 것이다. 1972년 유네스코가 지정한 '세계 도서의 해'에 출품되어 세계 최고(最古)의 금속 활자본으로 공인되었으니, 한국은 문화강국의 대열에 당당히 올랐다. 자랑스럽다.

흥겨운 놀이마당

오후에는 맛있는 한정식으로 배를 채우고 문의면 대청호반으로 가서 문의문화단지를 둘러보았다. 산 위에서 내려다보는 전망이 좋다 하여 모두들 올라갔으나, 나는 이미 지쳐서 체념하고 아래쪽 잔디광장에서 즐기는 '놀이마당' 프로에나 참가하기로 했다.

놀이마당의 주관자는 조영자 사무국장이다. 별로 예쁜 것도 아닌데(?) 머리에 주홍색 스카프를 접어 달고 스스로 예쁘다고 자찬하며 좌중을 좌지우지 흔들어대는 게 아닌가. 여러 가지 게임을 준비도 많이 했지만, 그 열정과 익살, 재치는 참으로 뛰어나다. 문우들 중에 소외감을 느끼는 사람이 없도록 배려를 해 가며 잘도 진행한다. 고루 상을 받도록 하기 위해 지팡이 짚고 일어서기도 괴로운데 나까지 앞으로 끌어내기도 하고, 지팡이 짚고 온 두 사람에게 지팡이상(?)까지 주다니.

나는 일부러 5각의 누런색 배지가 새겨진 '6·25참전유공자회'의 청색 운동모자를 쓰고, 유공자회에서 특별히 주문제작을 해 망백의 참전영웅들에게 지급해 준 철지팡이를 짚고 갔다.

뿐만 아니라 이제 사무국장으로부터 '지팡이상'까지 받았으니, 이 영광의 지팡이를 짚고 열심히 걸어 건강을 증진하면서 수필문학추천작가회의 모임이라면 어디고 따라나서겠다는 다짐도 해본다.

사진을 날려서

집에 돌아와 생각해보니 이번 나들이에 제일 고마운 분은 백선욱 사진작가인 것 같다. 남들은 즐기고 있는데 구석구석 따라

다니며 남의 사진만을 찍어대야 하니. 어찌 그뿐인가. 집에 와서 쉴 겨를도 없이 사진들을 정리하여 회원들에게 보내주기까지 했으니….

그날의 감상이 흐려지기 전에 기행문 숙제를 하겠다고 구상 중인데 수십 장의 사진이 날아들었으니 얼마나 고마운가. 천군만마를 얻은 셈이다. 고맙다고 인사를 하고, 회고록의 화보에 넣을 단체 사진 2장을 고르려고 여기저기 눌러보는데, 아뿔싸! 순간, 사진들이 모두 날아가버렸다. '아날로그 바보'의 탄식만이 남았다.

도리 없이 또 백 작가님께 구원을 청했다. 마치 그럴 줄 알고 기다렸다는 듯이 즉시 사진 묶음을 다시 보내주셨다. 이런 뒤치다꺼리까지 해야 하는 작가님의 노고에 거듭 위로와 깊은 사의를 올린다.

(2022. 11.)

2

바람 따라 구만리

동유럽 단상

I.

동행하는 문우들이 좋아서 나도 따라나섰다. '동유럽 5개국 9일'이라지만 중부 유럽의 중요 도시를 돌아보는 일정이다.

올봄 날씨가 변덕스러움은 어느 곳이고 같은 것 같다. 본래 음산한 잿빛 하늘이야 이곳의 상징인 셈이다. 뜻밖의 화창한 봄 날씨에 만발한 벚꽃과 개나리의 환영을 받으며 프라하의 루치공항에 내렸다. 다음 날부터 찬비를 맞긴 했으나, 아래는 연초록, 산꼭대기엔 백설이 뒤덮인 사계절의 풍광을 고루 맛보기도 했다.

첫날부터 국경을 넘어 궂은 날씨에 크라카우에 있는 오시비엥침 수용소와 비엘리츠카 소금광산을 들렀다. 검문소 앞에서 오랜 시간을 허비하는 것이 보통인데 그대로 통과하니 하나의 유럽을 실감케 한다. EU의 창설로 통행은 편해졌으나, 유로화를 안 쓰는 나라가 더러 있어 나그네는 아직도 큰 불편을 느낀다. 더 거북스러운 것은 먹은 물의 처리다. 마시는 것은 자유로우나 배설하는 것이 여간 어렵지 않다. 공중화장실의 절대 부족에다 그 이용에 동전이 꼭 필요하니 세금까지 내는 것 같아 우리 정서로는 수용이 쉽지 않다. 거기다 출입구를 그 나라의 동전으로 자동화까지 해 놓으면 돈이 있어도 쩔쩔매기 십상이다. 어쩌다 배탈이 난 나는 복잡한 광장에서 화장실을 찾느라 곤욕을 치르기도 했다. 하마터면 길에서 실수를 할 뻔했으니….

우리나라의 화장실 문화는 단연 초선진국 수준이다. 저들이 벤치마킹하기에는 원초적인 한계가 있다는 생각이 든다.

Ⅱ.

광활하고 풍광이 빼어난 타트라 국립공원을 넘어서 다뉴브의 진주라고도 불리는 헝가리의 부다페스트로 들어섰다. 과연 동유럽에서 경관이 가장 아름다운 도시로 꼽고 싶다. 높다란 길레르트 언덕에 오르면 정돈된 시가지의 전경이 한눈에 들어온다.

다뉴브강을 사이에 두고 부다 지역은 높은 언덕으로 이쪽 왕궁이 자리를 잡고, 세체니 다리를 건너면 부채꼴의 계획도시 페스트가 조화를 이룬다. 건국 천 년을 기념하여 만든 페스트의 영웅광장은 관광객이 항상 붐비는 명소다. 중앙아시아에서 침입한 마자르족의 족장인 아르파트를 중심으로 둘러싼 부족장들의 기마상이 늠름하고, 96미터의 탑 꼭대기에 세운 가브리엘 천사의 동상이 중앙에 자리 잡고 있다. 그 뒤로 설치한 양 날개의 기념벽에는 역대 왕들의 동상을 줄지어 세워 놓아 헝가리의 역사를 한눈에 보는 듯하다.

부다페스트는 야경이 더 아름답다. 세체니 다리를 중심으로 강변에 세워진 왕궁, 국회의사당, 어부의 요새, 이스트반 성당 등 주요 건물들이 등불로 장식되어 황홀하기 이를 데 없다.

Ⅲ.

하룻밤을 지나 국경을 넘어 음악의 도시인 오스트리아의 비엔나로 이동했다. 이 도시는 합스부르크 왕가의 본거지이다. 도시 전체가 건축 박물관인 셈이다. 궁전의 규모와 화려함이라니… 특히 정궁보다 쇤브룬 궁전이 더 시선을 끈다. 베르사유 궁전과 더불어 가장 아름다운 궁전으로 이름난 여름 궁전이다. 우아하고 호화롭게 로코코 양식으로 꾸며진 이 별궁은 방만 1,440개에 이르고, 그중 46개만 일반에 공개한다는데 그나마 다 보지 못하고 정원으로 발길을 옮겼다.

정원의 넓이가 1.7평방킬로미터나 되며 많은 분수와 그리스신화를 주제로 한 44개의 대리석상이 줄지어 있다. 더욱 놀라운 것은 수십 척 높이의 나무들을 칼로 벤 듯 다듬어 세운 숲길이 수없이 들어서 있지 않은가. 살아 숨 쉬는 자연의 조각품이 장관이다.

어느 도시를 막론하고 가는 곳마다 성당과 낡은 성(城)의 첨탑, 조각상이 솟구쳐서 분간조차 하기가 어려울 정도다. 기독교문화의 특별한 이해 없이는 흥미도 반감한다. 그러나 광장마다 세워 놓은 동상과 건축물을 장식한 조각품에는 수백 년의 역사가 숨쉬고 있으니 유럽의 역사를 알면 아는 만큼 그 매력에 빠져들기 마련이다.

Ⅳ.

블타바 강의 서쪽 언덕에 자리 잡은 프라하성은 중세 천 년의 모습과 역사를 그대로 담고 있는 한 폭의 그림이다. 체코의 왕들과 신성로마제국의 황제들이 이곳에서 통치했고, 현재도 체코공화국의 대통령 관저가 이곳에 있다. 세계에서 가장 크고 아름다운 성으로 평가된다.

몽둥이와 칼을 가지고 위협하는 조각상이 올라앉은 정문부터 이색적이다. 제1중정에서는 대통령궁, 마티아스 문을 지나 제2중정에 들어서면 성 십자가교회, 제3중정에 들어서면 프라하의 랜드마크라고도 할 수 있는 비투스(Vitus)성당을 만난다.

이 성당은 로마네스크 양식으로 시작하여 초기 고딕식, 후기 고딕식이 첨가되고, 다시 르네상스 양식이 도입되다 바로크 양식으로, 천 년의 세월을 두고 완성된 걸작품이다. 그 규모부터 엄청나서 보는 이마다 찬탄을 토하게 된다. 정교한 조각과 높이 솟구친 첨탑, 화려한 장식에 기울인 수법과 정성은 상상을 초월한다. 성당 안에 들어서면 아치형의 웅대한 기둥과 수천 조각의 스테인드글라스 창의 화려함 또한 그 신비로움에 말을 잊는다.

며칠 동안 강행군을 하면서 중세로 돌아가 천 년의 역사와 문화를 더듬어 보자니 몸은 지쳤지만, 가슴은 찬탄과 경이의 느낌으로 가득하다. 그런 문화유산을 남기기까지 얼마나 많은 사람의 피와 땀이 엉켰을까 생각되어 가슴이 아리다. 그러나 그런 큰 희생이 없이 어찌 문명의 발전이 있었을까 다시 생각하게 된다. 그것을 이룩한 것도 놀랍지만 잘 보존해 온 것 역시 이 고장 사람들의 자랑이요 긍지가 아닐까도 생각된다.

마야문명의 흔적들

- 멕시코

멕시코시티의 첫인상

2006년 2월 18일 오후 6시, LA를 출발한 MX 909편은 3시간 30분 만에 멕시코의 수도 멕시코시티(Mexico City)에 우리 일행을 풀어놓았다. 공항 문을 나서는 순간 후텁지근한 열기와 함께 매콤한 냄새가 코를 찌른다. 계속 비가 안 오는 데다 먼지와 매연으로 뒤덮인 탓이란다. 호텔 앞의 가로등은 네 개의 수은등이 모여 하늘을 향하고 있는데, 그것은 가로등이 있다는 것을 알리려는 것이지 길을 밝히려는 것은 아닌 것 같았다. 길바닥은 어둡기만 하니. 시내를 조금만 벗어나면 지붕도 없이 시멘트 벽돌로 칸만 막아 놓은 오막살이집들이 산 중턱까지 깔려 있는 것을 보게 된다. 국민소득 7천 불의 멕시코의 현실과 고뇌를 대변해 주는 대목이라고나 할까.

멕시코는 중앙아메리카 국가들 중 가장 큰 나라일 뿐만 아니라, 마야·아즈텍 등 수준 높은 고대문명의 발상지며, 특히 마야문명의 유적들이 즐비하여 세인의 발걸음을 끌어모으고 있다. 스페인의 3백 년 식민통치로부터 벗어나 독립을 하던 때만 하더라도 엄청난 영토를 확보했었지만, 캘리포니아주 등 몇 개 주를 미국에 빼앗기고, 세계 5위의 석유 생산국이면서도 1백 년간 정유는 하지 못하고 정제된 석유를 사다 쓰기로 한 데다, 1985년의 대지진으로 막대한 피해를 입었다. 위정자의 무리한 경제정책으로 인해 IMF 신세를 지기도 했으니, 오늘의 경제적 현실을 짐작할 만하다. 인구 2천만 명이 밀집한(인구밀도는 도쿄 다음) 대도시이지만 대기오염도와 부정부패가 심하고, 문맹률이 72퍼센트에, 시간관념도 없다. 파업도 멋대로 한다고 하니 참으로 답답한 노릇이다.

칸쿤의 휴양시설

다음날 시내 관광을 마치고 오후 4시경 비행기로 2시간쯤 가야 하는 칸쿤(Cancun)으로 이동했다. 칸쿤은 멕시코만을 끼고 뻗어 내린 유카탄(Yucatan)반도에 있는 유명한 해변 리조트이다. 본래는 주민 1백 명도 안 되는 작은 어촌이었다고 한다. 정부가 관광사업에 눈을 돌려 1960년대 말부터 개발하기 시작한 곳인데, 천혜의 자연환경을 십분 활용한 성공작이라 하겠다.

칸쿤의 다운타운은 메인랜드(반도)에 있으나 휴양시설이 없고, 이른바 호텔 존(zona hotelera)은 절묘하게도 메인랜드를 따라 바닷속으로 뻗어간 L자 모양의 긴 섬 안에 있는데, 메인랜드와 섬 사이를 두 개의 다리가 연결해 주고 있다. 바닷물이 호주에 이어 두 번째로 맑은 곳이며, 그 산호섬의 바깥쪽에 깔린 은빛 백사장은 눈이 부시다. 그 길이가 23킬로이니, '명사 10리'도 대단하거늘 정확히 '명사 60리'가 아닌가.

카리브해를 바라보는 해변을 따라 고급 호텔이 줄지어서, 밤이면 '작은 미국'으로 탈바꿈한다고 한다. 너무도 흥청거리다 보니 태풍도 시샘을 했던가, 얼마 전 '윌마'란 놈이 하필이면 칸쿤 한 곳만을 휩쓸고 갔다고 한다. 호텔 4층까지 물이 찰 정도였다니 주위가 쑥대밭이 되고 말았다.

또 다른 피라미드

피라미드라면 이집트에 있는 삼각형으로 된 왕의 무덤으로만 알고 있었다. 그런데 마야족들은 몇천 년 뒤 지구의 반대편 이곳에다 또 다른 개념의 피라미드를 쌓아 올렸지 않았는가?

태양을 신으로 모시고 가까이 가려고 쌓아 올린 점, 현대적 장비도 없이 인력으로 돌을 다듬고 끌어 올린 솜씨의 불가사의는 양자가 같다.

이집트인들은 사후에 심판을 받고 다시 회생한다는 신앙에 따라 아무도 침범할 수 없는 '사자의 궁궐'을 만들었고, 그러기에 아무도 올라갈 수 없도록 계단도 없이 정상도 뾰족하게 만들었다. 그러나 마야 민족의 피라미드는 사자의 무덤이 아니라 산 사람이 신을 모시는 신전이요, 제물을 바치는 제단이다. 그러니 층층이 올라가는 계단이 설치되어 있고, 당연히 정상에는 넓은 공간이 필요하기 마련이다.

멕시코시티에서 아침 식사를 마친 후 과달루페성당을 둘러보고 나서, 피라미드를 보러 40분 거리에 있는 아즈텍문명의 유적지 '테오티우아칸'으로 이동하였다. 태양의 피라미드, 달의 피라미드, 물의 신전 등을 찾아서.

태양의 피라미드 앞에서 자유 시간 30분을 주며 올라갔다 오란다. 피라미드에 접근하려면, 수로인지 5, 6미터 깊이로 파 놓은 바닥을 거쳐야 하는데, 뙤약볕 아래 돌계단을 두어 번 오르내린 후에 다시 급경사의 돌계단 5개 층 250개 계단을 오르기 시작한다. 두 개 층을 오르고 보니 도저히 지정시간 내에 돌아올 수 있을 것 같지 않아, 처음으로 포기를 하고 말았다.

정상에는 동전만 한 은봉이 박혀 있고, 그곳에 손끝을 대면 기를 받는다 하여 서로 대려고 아우성쳤다는데, 나는 그늘진 돌담 벽에 등을 대고 기를 받기로 했다. 전신이 서늘해지니 피로가 싹 가셔서, 왼쪽으로 멀리 보이는 달의 피라미드로 이동하는데 쉽게 따라갈 수가 있었다.

아즈텍족의 '테오티우아칸' 지방 피라미드보다는 훨씬 전에 마야족이 건설한 치첸이트사(Chichen Itza)의 피라미드가 훨씬 정교하고도 규모가 크다. 칸쿤에서 아침을 마치고, 치첸이트사로 향했다. 농사도 지을 수 없는 늪지대에 염도에 강한 '맹그로브'나무의 밀림이 계속되고, 그 수해(樹海)를 헤치며 일직선으로 뚫린 흰 고속도로를 자동차로 왕복 6시간을 달려야 하니 지루하기 이를 데 없다. 그러나 멕시코 관광의 하이라이트는 바로 치첸이트사의 유적이 아닐까 싶다.

마야유적들은 대개가 마야문명의 황금기라고 할 수 있는 고전기(古典期)에 건설된 것이다. 아직도 여러 곳에 2천여 개의 피라미드군이 산재해 있으나, 가장 규모가 크고도 잘 보전된 대표적인 것이 치첸이트사의 유적이란다.

45, 6도의 경사로 9개의 기단과 91개의 계단을 정교하게 쌓아올린 4면의 피라미드, 1천 개의 돌기둥이 도열된 전사의 신전, 유예를 찾을 수 없게 넓은 구기장(球技場), 용도 불명의 조형물들이 즐비하다. 산 사람의 심장을 제물로 바치고 시체나 제물을 던졌다는 '성스러운 샘'에도 짙은 녹색의 물이 차 있는데, 미개한 사람들의 신앙으로 인해 희생된 그 당시의 원혼들이 아직도 구원의 손짓을 하는 것만 같아 스산하게 느껴졌다.

중앙아메리카에 마야문명을 이룩한 것은 단일 민족이 아니고, 언어나 습관, 역사가 다른 여러 부족이 모여 이룩한 것이다. 마야의 언어만도 28가지가 된다고 한다. 스페인이 침략한 후 철저한 마야문명 말살정책과 마야족의 분산정책을 썼음에도 불구하고, 마야족은 멸종되지를 않고 있다. 소멸된 것은 마야문명과 그 민족의 자유일 뿐, 마야민족 자체는 지금까지도 조상의 땅에서 살며, 전통적인 화전농법과 특유의 토속신앙과 생활습속을 이어가면서 공동생활을 하고 있다고 한다. 마야문명의 현대적 재현의 날이 언젠가는 돌아오지나 않을까 기대를 걸어본다.

바이칼이 손짓한다

시베리아의 진주

세계지도를 펼쳐볼 때마다 러시아의 푸른색 시베리아가 얼마나 궁금했는지 모른다. 연중 3, 4개월 정도 따뜻하고 남은 기간은 얼음덩어리 동토로 변한다니 그 땅에는 어떤 사람들이 어떻게 살아갈까. 그렇게 넓은 벌 한복판의 대지를 밟고 서 보면 어떨까. 그 허허벌판을 몇 날을 밤낮으로 달려가는 시베리아 횡단열차를 한 번만이라도 타볼 수 있을까. 그토록 오랫동안의 꿈이 실현된다니, 이번 여행은 생각만으로도 가슴이 두근거렸다.

몽골의 수도 울란바토르의 역에서 4인실 침대차(쿠페)를 탔다. 러시아의 울란우데를 거쳐 이르쿠츠크에 이르기까지 25시간의 열차 생활은 계획된 불편이니 그런대로 견딜 만했다. 끝없이 펼쳐지는 몽골의 푸른 초원에 취해 감탄사를 연발하고, 이따금 한가로이 풀 뜯는 양떼들을 만나게 되면 목가적인 감상에 젖어 들었다. 그러나 이번 시베리아 여행의 백미는 역시 신비의 바이칼호라 하겠다.

바이칼은 쓸모없이 버려진 호수가 아니다. '시베리아의 진주'로 불릴 만큼 아름답고 경이롭고 값진 인류의 보배다. 유네스코도 이미 세계자연유산으로 지정했으며, 곧 잠수정으로 바이칼호의 밑바닥까지 내려가 본격적으로 과학적인 탐사를 실시할 계획이란다.

바이칼이야말로 많은 기록을 자랑한다. 세계에서 가장 오래되고(2500만 년), 담수량 기준으로 가장 크고 깊으며(면적 3만1천500㎢, 수심 1천637m), 가장 차갑고 깨끗한(물밑 가시거리 40.5m) 민물호수이다. 전 세계 담수총량의 20퍼센트, 러시아 전체 담수량의 90퍼센트를 담고 있다. 수정처럼 맑은 물속에는 철갑상어, 오무르라는 물고기, 네르빠라는 담수물개, 갈랴만까라는 투명한 고기를 비롯해서 1,500여 종의 다양한 생물들이 있다니 살아 있는 생태박물관이라고도 하겠다.

그러나 나의 시선을 끈 것은 이러한 생태학적 의미나 수치가 아니다. 바이칼호수는 중앙아시아 유목민족들의 발원지이자 우리 민족의 혼과 문화의 발상지라고 하지 않던가. 이런저런 감회에 상기한 나를 태운 버스는 영적 고향인 바이칼호 속의 알혼섬을 찾아가고 있었다.

이르쿠츠크 교외의 앙가라강변에 자리 잡은 욜로츠카(통나무산장)에서 자고 일찍 출발하여 오전 내내 달리는 동안 끝도 없이 펼쳐지는 들판은 또 얼마나 넓은가. 약간 높은 산등성이를 넘게 되었는데, 버스 기사가 갑자기 속도를 줄이더니 담배 한 개비를 꺼낸다. 운전 중 흡연을 하나 걱정을 했는데, 창문을 열고 밖으로 휙 내던지고 간다. 창밖을 보니 서낭당이 스친다. 자그마한 소나무에는 울긋불긋 천 조각이 매달렸다. 그 나무 아래에는 수북하게 쌓아올린 돌더미와 의자 같은 제상이 설치돼 있고, 동전이며 담배, 먹을거리가 흩어져 있다. 그 옆에 서 있는 나무 장승도 우리 것과 흡사하다.

갑자기 어렸을 적 생각이 떠오른다. 여주 읍내에 가려면 무섭기만 했던 월송리(月松里)의 서낭당고개를 넘어야 했다. 개구쟁이 짓을 겁도 없이 곧잘 하곤 했지만 그곳을 지날 때만은 오금이 저려 떨어지지 않는 발걸음을 빠르게 놀렸던 기억이다. 이제는 개발이라는 미명하에 고개마저 깎여나가 아름드리 성황나무도 자취를 감췄다. 그런데 그 서낭당을 바이칼에서 다시 만나게 되다니 얼마나 반갑고 신기한지, 마음마저 푸근해지는 것을 어쩌랴. 꼭 돌아가신 할머니를 다시 만나는 심정이라면 너무 비약하는 것이려나. 아무튼, 언덕바지의 서낭당과 돌더미를 만날 때마다 몇십 년을 거슬러 고향땅에 온 듯한 느낌이었으니….

알혼섬을 찾아

정오가 좀 지나서 바이칼호의 사휴르타 선착장에 도착했다. 영성의 땅 알혼섬으로 건너가려고 바지선을 탔다. 지난밤에 눈이 내려 그런지 날씨도 흐리고, 여름 호숫가 바람의 매섭기가 겨울 칼바람이 무색할 지경이다.

알혼섬은 제주도 크기의 반만 하나, 호수 속의 26개 섬 중 가장 큰 섬일 뿐만 아니라, '불한바위'가 솟아 있어 바이칼의 중심이 되어 있다. 4시간에 걸쳐 알혼섬 남부를 답사한 후 후지르 마을의 통나무집에 짐을 풀고, 다음날은 섬의 북부 끝까지 여유롭게 돌아보았다.

남단의 높은 언덕에는 유난히 바윗돌이 많이 널려 있고, 입구에는 한 줄로 길게 쌓여 있는 것으로 보아 성(城)터였거나 성지(聖趾)의 경계선인 듯하다. 제일 높은 곳에 올라보니 잘려진 돌기둥과 구멍이 파인 넓은 바위가 있고, 그 구멍에 동전이 가득 차 있는 것으로 미루어 옛날 원주민들이 제사를 지냈던 성스러운 곳인 것 같다.

호수 따라 남북으로 길게 펼쳐진 섬의 중앙 부분을 지날 때 목격한 물속의 돌더미도 잊히지 않는다. 스탈린 치하의 악명 높은 강제 수용소가 이곳에 있었고, 큰 배들이 드나들던 접안시설의 흔적이라고 하니, 얼마나 많은 자유 투사들의 원혼이 맴돌고 있을지 가슴이 아려온다.

알혼섬 최북단의 절벽은 이곳 경치의 압권이다. 천야만야 수직 절벽은 붉은 이끼로 단장을 하고, 비탈길 가에는 가녀린 들꽃들이 수줍게 피어 멀리서 찾아준 손님이라고 반겨준다. 푸르다 못해 검은 물은 깊이를 말하는 듯, 파도 없는 바다가 끝없이 펼쳐진다. 물가에 솟은 거대한 바위들은 저마다 독특한 모습과 전설을 지니고 있어 보는 이의 상상의 나래는 피안의 세계를 자유롭게 넘나든다.

불한바위의 기를 받고

아침과 저녁 두 번이나 불한바위를 찾아갔다. 후지르 마을의 숙소에서 십여 분 거리의 호숫가에 솟아 있다. 절벽 위에서 바라보면 산같이 거대한 바위 두 개가 나란히 손을 잡고, 각기 다양한 모습을 나타내면서 만고의 침묵을 지키고 있다. 까마득하게 내려다보이는 물가에 서 있는 큰 소나무에는 오색의 천 조각이 휘감겨 찾는 이의 마음을 가라앉힌다. 여러 나라의 무속인들이 모여드는 곳이란다.

우리도 비탈길을 따라 내려갔다. 일행 중에는 맑은 물을 떠 마시기도 하고, 머리를 감는 여인, 손발을 담그는 사람 가지각색이다. 나는 바위 밑 자갈밭에서 가부좌하고, 기수련을 하며 건강을 빌었다. 잠시 망설이다가 주먹만 한 돌을 하나 주워왔는데, '불한암'이라 이름 붙여 거실에 두었다. 우리 집 서낭낭이 된 셈이다.

내 삶이 힘들고 짜증스러울 때면 저 '불한암' 앞에 가부좌하고, 때 묻지 않은 바이칼의 찬바람을 찾아 명상의 나래를 펴리라.

빅토리아폭포의 장관

남아항공의 국내선으로 나이로비에서 요하네스버그로 돌아와 다시 짐바브웨(Zimbabwe)로 향했다. 세계 3대 폭포의 하나라는 빅토리아폭포(Victoria Falls)를 보기 위해서다.

남쪽의 짐바브웨와 북쪽의 잠비아(Zambia)의 국경을 이루는 잠베지강(Zambezi River)은 리빙스턴 아일랜드 부근에 오면 넓게 퍼진다. 하마와 악어 떼가 평화롭게 노니는 잠베지강이 그 넓은 부분에서 비스듬히 사선으로 강바닥이 잘려나가며 수직으로 엄청난 협곡을 만들었으니, 깎아지른 절벽 위에서 협곡으로 떨어지는 물줄기가 곧 빅토리아폭포다.

빅토리아폭포의 최대 폭이 1,700미터나 된다. 굽이굽이 폭포의 이름을 여섯 군데나 따로 지어 놓고, 빅토리아공원 중간중간에 전망대를 만들어 놓았다. 치솟는 물안개가 심하여 비가 오듯 물방울이 쏟아지는 곳도 있고, 물안개에 햇볕이 쪼여 생기는 무지개도 여기저기서 보게 되는데 참으로 장관이다. 물이 분산되지 않고 한군데로 모였더라면 단연 세계 제일의 폭포라고 누구도 의심하지 않을 것을….

폭포 아래쪽 강은 폭이 좁다. 그 대신 깊은 협곡을 이루었으니 그 낙차가 108미터나 된다. 낙차로는 세계 제일임에 틀림이 없다. 그러나 수량이 분산되어 적으니 이과수폭포와 같은 경이감을 주지는 못한다.

빅토리아폭포도 잠비아 쪽으로 건너가서 폭포와 하류의 강이 T자를 이루는 곳의 전망대에서 보는 것이 가장 아름답고 장엄하다. 짐바브웨 쪽에서는 빅토리아폭포의 정면이 보이지만, 리빙스턴다리 건너편의 잠비아 쪽에서는 폭포의 측면과 수직절벽의 깊이를 볼 수 있기 때문에 보다 웅장하고 드라마틱하다.

우열을 가리기 어려운 3대 폭포의 절경들이 파노라마처럼 뇌리를 스쳐가니 상념의 나래를 지구촌 세 방향으로 마음껏 펼쳐 본다.

실크로드의 끝까지

- 파키스탄 탐방기(상)

이번이 마지막 여행일지 모른다면서

하필이면 덥고 지저분하고, 총성이 멈추지 않고 폭탄 소동이 계속되는 위험지대, 파키스탄을 가느냐고 걱정하는 친구도 있다. 확실히 관광객이 드문 오지 여행임에는 틀림없다. 그러나 오지가 아니면 맛볼 수 없는 대자연의 신비를 체험하고 5, 60년대의 우리 모습을 반추해 보는 것도 의미 있을 것 같았다. 더구나 돈황을 거쳐 우루무치에서 멈추었던 실크로드의 험로를 끝까지 밟아보면서, 옛날 대상들의 모험과 고승들의 불심을 상상하고 느껴 본다는 것은 지친 현대인의 삶에 신선한 활력소가 아닐 수 없으렷다.

참예술사랑회의 멤버들이 주축이 된 관광팀이 마음에 들어 동참한 이 여행은 희수를 바라보는 나로서는 어쩌면 마지막 모험일지도 모른다. 파키스탄 탐방은 힘든 만큼이나 즐거움도 크고, 신선한 충격만큼이나 감흥도 정비례하며, 무관심만큼이나 오해도 많았음을 실감하기 마련이다.

세계의 고산 영봉이 이곳에 모여 있고, 카라코람 하이웨이(KKH)라는 고속도로 아닌 산악도로가 뚫려 있으며, 불교의 발상지가 인도가 아니라 파키스탄이요, 간다라불교의 꽃은 주변국에서 피웠지 본고장이라는 지금의 파키스탄에서는 사찰조차도 전혀 찾아볼 수 없다니, 나의 상식이란 것은 곧 무식 그것이 아니었던가.

우리는 인천공항을 출발한 지 10여 시간의 비행 끝에 싱가포르를 거쳐 파키스탄 제2의 도시인 라호르(Lahore)에 안착했다. 비행기 트랩을 한 발 내딛는 순간 폐부까지 확 스며드는 열기가 수만 리를 마다않고 날아온 나그네의 여정(旅情)을 자극한다.

라호르의 첫인상

라호르는 파키스탄 북부지방의 비옥한 인더스평원에 자리 잡은 상업, 금융 등 유통 경제의 중심지이다. 북부지방을 관장하는 푼잡주의 주도일 뿐만 아니라 서부아시아와 인도를 연결하는 교통의 요충이며, 농산물의 집산지이기도 하다.

인구 5, 6백만 명이 북적이니 제법 큰 도시이다. 그러나 원시적 생활기구와 현대적 과학문명이 공존하는가 하면 무슬림의 독특한 취향과 전통적인 생활양식이 한눈에 들어오는 활기찬 도시라고나 할까. 신호등도 없는 거리에 당나귀, 자전거, 삼륜차, 고물 자동차, 고급 승용차가 뒤범벅이 되어 돌아가니 질서의 사각지대라고나 할까. 교통안전은 각자의 몫이다.

각종 원색을 총동원하여 도장한 버스는 우리나라 상여보다도 훨씬 화려하게 단장하였고, 바람개비, 철사 봉, 철사 레이스 등 요란하게 장식물을 단 대형트럭을 바라보노라면 웃음이 절로 나온다. 자동차값보다 도색과 장식 비용이 더 들 정도라니 그들의 취향을 이해할 길이 없다. 이슬람교를 국교로 지정하여 국민의 97퍼센트가 무슬림이니, 흰 바지에, 흰색 와이샤쓰를 무릎까지 길게 늘어트린 겉옷에 전통 모자를 쓰거나 천을 두른 차림에, 물이 귀해 세탁은 엄두도 못 내는지 작업복이 따로 없다. 맨발이거나 슬리퍼가 전부다.

재래시장인 바자르에 들르니 비좁은 골목길에 자동차 경적까지 요란하여 정신이 없다. 생활용품치고 없는 것이 없는 활기찬 삶의 현장이다. 먼지와 매연에 찬 상가를 한 바퀴 돌아 나오니 온몸이 땀범벅이 되었다. 대기 중인 버스에 오르니 마치 지옥에서 살아나온 느낌이다.

낙후된 재래시장으로부터 눈을 돌려 주위의 유적들을 보노라면 만감이 교차한다. 기원 전후의 간다라불교의 꽃을 피웠던 민족, 근세 3백여 년의 무갈(Mughal)제국을 이룩했던 그들이 빈곤과 정체의 늪에서 헤어나지를 못하니 말이다.

동서 380미터, 남북 330미터의 부지에 악바르(Akbar) 황제로부터 자항기르(Jahangir), 샤 자한(Shah Jahan), 아우랑제브(Aurangzeb)

황제에 걸쳐 완성했다는 라호르성의 웅장함, 샤 자한 황제가 건축한 샬리마르 정원(Shalimar Garden)의 기하학적 설계와 독특한 건축양식이 그들의 문화적 우수성과 창의적 저력을 증명하고 있건만….

17세기 후반 아우랑제브 황제가 건축했다는 바드샤히 모스크(Badshahi Mosque)도 빠트릴 수 없다. 실내외 6만 명을 수용할 수 있는 웅장함과 무굴문화의 아름다움을 상징하는 건축미는 나그네의 숨을 죽이게 한다.

열악한 생활환경은 우리나라의 5, 60년대를 연상케 하는데, 기골이 장대하고 잘생긴 외모의 젊은이들을 바라보노라면 연민의 정이 느껴져 이것저것 생각하게 한다. 종교나 자연환경 탓일까, 지도자 탓일까, 각자의 게으름 탓일까.

국기 하강식의 단상

인도와 파키스탄은 분단국 아닌 분단국가이다. 무굴제국시대에는 파키스탄이 인도 전역을 지배했으나 모두 영국의 식민 통치를 90년간이나 받았다. 2차 대전이 끝나자 1947년에 인도와 분리하여 독립을 했다. 힌두교가 주종을 이루는 인도와 이슬람교를 국교로 하는 파키스탄은 각자 독립은 했으되 3차에 걸쳐 전쟁을 했고, 그때마다 국력에서 비교가 안 되는 파키스탄은 패배했다. UN의 감시하에 평화가 유지되는 셈이니, 양국의 묘한 국민감정은 이해할 만하다.

동쪽 인도와의 국경 와가(Waga)에서는 유일하게 매일 저녁때 양국이 함께 국기 하강식을 거행한다. 국기를 내리는데 꼭 1시간이 걸린다. 무슨 복잡한 의식이 필요하랴마는 양국은 기싸움을 하면서 평화를 유지한다. 동서 양국의 관람장 계단에는 수천 명의 관객이 모여서 서로 질세라 함성을 지른다. 십여 명의 의장대는 체격이 장대한 젊은 남자를 골라 절도 있는 동작으로 기력을 과시한다. 뻗은 다리를 머리까지 올렸다가 땅이 꺼지라고 내려친다. 고개도 좌우로 튕기면서 상대방을 경멸하는 표정이다. 주먹으로 치지 못하는 상대에 대한 증오심을 혼자 해소하는 몸짓으로밖에 볼 수 없다.

운집한 관객들을 선동하듯 외쳐댄다.

"파키스탄, 찐 더 바!(영원하라, 만세)"

우리도 팔을 뻗으며 함께 외쳤다. 우리나라 판문점을 연상하며.

"찐 더 바! 찐 더 바!"

(2007. 6.)

야생동물의 천국
- 케냐

케냐의 험로

코끼리가 어슬렁거리고 낯선 야생동물들이 달리는 TV 화면을 보면서 아프리카의 광활한 대초원을 나도 직접 밟아보고, 천연의 야성(野性)을 체험해보고 싶었던 꿈이 드디어 실현된 셈이다. 아프리카 대륙의 동부 적도 바로 아래 위치한 케냐의 북부는 광대한 사막이지만, 남부의 사바나 고원지대는 일 년에 두 번 우기도 있고 기온도 시원하여 야생동물의 천국이다. 어쩌면 수도 나이로비가 아프리카 관광의 중심지로 관광객을 끌어들이는 것은 당연하기도 하다.

그러나 케냐로의 항공로는 너무도 멀다. 2006년 7월 22일 인천공항에서 이륙 후 장장 17시간의 비행 끝에 남단의 요하네스버그에 착륙하니 기온이 서늘하다. 두 시간 반

후에 다시 국내선으로 바꿔 타고 북으로 4시간을 날아 오후 2시 40분경에야 나이로비공항에 내릴 수 있었다. 오후에 영화 「아웃 오브 아프리카」의 원작 소설을 집필한 카렌 브릭슨(Karen Blixen)의 기념관을 들렀으나, 하늘길에 지쳐서 안내자의 설명을 건성으로 듣고 말았다.

사파리 파크 호텔에서 첫 밤을 편히 쉬고 다음 날부터 국립공원의 관광이 시작되는데, 하늘길 못지않게 힘든 육로가 기다리고 있을 줄을 어찌 상상이나 하였으랴! 명색이 관광도로이지 너무도 험악해서 누구나 후회를 할 지경이었지만, 지나고 나면 오히려 야성의 신선함을 부풀려 주는 듯도 하니 여행의 마력이라고나 할까.

사파리 천국

맑은 물이 풍부하여 아프리카의 얼굴이라고도 하는 나이로비의 아침은 유난히 맑고 쾌적했다. 거리거리마다 검고 야윈 군상들이 오가고 있으니 우리 일행만이 낯선 대륙에 떨어진 이방인임을 실감하게 된다. 온갖 중고차들이 뒤엉켜 혼잡하기 이를 데 없는 거리를 빠져나온 우리 중형 버스는 평평한 고원 길을 네 시간 반을 달려 암보셀리(Amboseli) 국립공원으로 이동했다. 멀리 아른거리는 신기루를 좇아 달리는 사막 길은 끝이 없으니, 목적지를 제대로 찾아가기나 하는 것인지 걱정스럽기조차 했다.

암보셀리는 아프리카 대륙의 최고봉인 킬리만자로산(5895미터)

이 분화할 때 분출된 토사가 만든 암보셀리호가 메마르면서 생겨난 평지라고 하는데, 킬리만자로산의 만년설이 녹아 지하로 솟아나오기 때문에 우리가 투숙한 암보셀리 롯지 주변에는 늪지대가 있고 아카시아 숲과 초원이 형성되었다. 야생동물들이 모여드는 낙원이다. 거대한 체구의 '아프리카코끼리'는 초원의 왕자답게 자동차가 접근해도 모르는 척 태연자약 갈 길만을 간다. 처음에는 길 주변의 원숭이 떼도 신기하기만 했으나, 두어 시간 초원을 달리다 보면 온갖 야생동물을 다 만나게 된다. 검은 줄무늬로 온몸을 휘감은 얼룩말의 무리는 가장 흔하고, 긴 뿔이 위로 솟은 누, 굵은 뿔이 옆으로 굽은 버펄로, 날씬한 몸매에 가는 뿔이 위로 치솟은 오릭스, 사슴 비슷한 임팔라 등의 사진을 찍어대다 보면 사파리의 신기함도 점점 시들해지기 마련이고, 스며드는 피로감에 졸음마저 쫓기가 힘들었다.

암보셀리를 힘들여 찾아오면 사파리 체험 외에 멀리서나마 킬리만자로의 정상을 바라보는 것도 즐거움의 하나라고 한다. 낮에는 항상 구름에 쌓여 있고, 아침에만 잠깐, 그것도 운이 좋아야 눈 덮인 정상의 모습을 보여준다는데, 우리는 이른 아침에 사진을 몇 장 찍을 수 있었으니 행운이 따른 모양이다. 애석하게도 케냐의 국립공원에서 디지털카메라로 찍은 사진은 메모리 카드에 에러가 발생하여 한 장도 못 보는 불운을 맛보기는 했지만…. 캐논 카메라 대리점에서는 부품에 대해서는 책임을 질 수 없다니 무엇인가 크게 잘못된 상혼이 아닌가.

이색적인 롯지에서 하룻밤을 쉬고, 다음날은 다시 온 길을 되돌아와 나이로비를 거쳐 나쿠르호(Lake Nakuru) 국립공원으로 이동했다. 나이로비 시내를 조금 벗어나자 '지구의 고랑'이라고 소개하는 대협곡(Great valley)이 내려다보이는데, 광활한 골짜기가 토질도 비옥한 농경지와 초원을 이루어 장관이다. 암보셀리의 사막과는 너무도 대조적이니, 조물주는 공평하여 검은 피부의 볼품없는 마사이족에게도 긍휼을 베풀어, 먹고 살아갈 천혜의 자원을 마련해 주었나 보다.

오후 5시경에야 나쿠르 호수에 도착했는데, 그곳에 이르는 길은 명색은 포장도로이지만 전혀 보수를 안 해 울퉁불퉁 파인 노면이 비포장도로만도 못하다. 일차선 도로에 줄을 잇는 대형트럭 사이로 추월 경쟁이라도 하는 양 달리니, 무서워 조마조마 마음 졸이는 지옥 길 두 시간이었다. 가는 동안 세 번이나 차를 세우고 덜컹대는 차체 밑 철물을 밧줄로 묶어가며 달렸으니, 그 누구도 후회를 하지 않은 사람이 없었는데, 그래도 나쿠르 호숫가에 이르니 모두가 표정이 환해졌다. 세계 최대의 홍학 서식지라 하지 않는가. 신비와 장관 그대로다. 끝이 안 보이는 호수에 수십만 마리의 붉은 머리와 긴 다리가 춤이라도 추는 양 움직이니 온 수면이 핑크빛이요 빈 공간이라곤 없다. 홍학의 수는 계절 따라 달라지는데, 한때는 2백만 마리까지 서식했으나 점차 줄어들었다고 한다. 간혹 코뿔소와 거대한 페리칸이 눈에 띄기라도 하면 탄성이 터지며, 이색 손님인 양 셔터의 세례를 받기도 했다.

나쿠르 호수를 떠나 인근의 Lake Nakuru Lodge에서 쉬고, 7월 26일 다시 5시간 반을 달려 마사이마라(Masai Mara) 국립공원으로 이동하여 David Livingstone Safari Reserve에 짐을 풀었다. 이 롯지는 마라강변에 운치 있게 지었는데, 흙탕물 속에서 수십 마리의 하마가 우글거리는 것이 발아래 보이고, 새벽 5시면 끽끽 하는 하마의 울음소리에 잠을 깨기 마련이니 아프리카의 이색 정취를 실감하게 된다. 이곳 마사이마라는 아프리카 최대의 동물 서식지라고 하는데, 사파리의 흥취를 만끽할 수 있었다.

이 지역은 관목이 많은 다른 공원과는 달리 끝없이 풀밭이 펼쳐지는 대초원으로 유명하다. 수사자의 머리털 같아서 사자풀이라고 부른다는데, 둥글고 긴 풀이 황금벌판을 이루고 군데군데 아카시아나 관목 숲이 보인다. 동물을 찾아 풀밭 위로 질주하는 사파리용 특장차 안에서 일어나면 눈이 시리도록 거센 바람이 얼굴을 스친다. 광활한 대자연이 내 품 안에 들어와 안긴 듯 그 통쾌함을 무엇으로 표현하랴. 아프리카 사파리의 백미를 맛본다.

이곳 초원에서 이틀 동안 야생동물의 생태를 싫도록 감상한 셈이다. 운 좋게도 이른바 Big five라고 하는 표범, 버펄로, 사자, 코끼리, 코뿔소 중에서 표범을 빼고는 모두 볼 수가 있었다. 얼룩말, 누, 악어, 영양의 무리들은 말할 것도 없다. 관심을 끄는 동물은 역시 사자, 표범, 치타 같은 사나운 육식동물이다. 가장 빠른 치타는 온몸의 반점이 따로따로 있고, 눈 안쪽으로 검은 줄무늬가 있는 것이 특색이며, 새끼를 2, 3마리 낳는 것이 보통이라는데, 우리는 5마리를 거느리고 있는 것을 볼 수 있었다. 표범은 매화무늬의 검은 반점이 있고, 다리는 짧으나 발톱이 발달하여 나무도 잘 탄다는데, 표범만은 겁쟁이인지 어데 가서 깊숙이 숨어버렸다. 가장 인기 있는 놈은 긴 목을 나무 위로 내밀고 한가롭게 허공을 바라보는 초원의 신사 기린이다. 숲속 그늘에서 낮잠에 취해 차가 가까이서 부릉대도 들은 척도 않는 사자는 밉기마저 하다. 하기야 매일같이 찾아오는 관광객에 익숙해졌으니 귀찮기만 할 것도 같다.

초원에서 동물들을 배경으로 하여 기념사진을 한 장 찍고 싶었지만, 차에서 내리는 것은 절대 금지이니 아쉽지만 가슴속에 담아오기만 했다.

마사이족의 삶

이 땅의 주인은 마사이족이다. 붉은 천으로 몸을 두르고, 가는 막대기 하나를 짚고 양떼나 소를 몰며 초원을 누비는 마사이족은 가장 자존심이 강하고, 외계로부터의 새 문명을 거부하며 고유한 삶의 방식을 고집한다고 한다. 50여 호의 헛간 같은 집들을 원형의 광장 주위에 울타리같이 둘러 지어 놓았는데, 밤에는 그 광장으로 가축을 몰아넣어 맹수로부터 보호한다고 한다. 공동 축사라고나 할까. 두세 평의 컴컴한 집 안에는 식량도 가재도구도 없으며, 외벽을 흙과 쇠똥을 뭉개서 손으로 바르고 있으니, 가축을 공동의 식량으로 기르고 취사도 공동으로 하며 함께 살아가는 것 같다.

현지 가이드가 없어 그 생활상을 자세히 물어보지 못한 것이 못내 아쉽기만 하다. 원시인의 동물적인 삶의 모습을 연상케 하는 열악한 환경이 언제나 개선될 수 있을지. 자연환경이 좋다는 케냐의 원주민들의 생활상이 이러하니, 어둠 속의 검은 대륙의 새벽은 어디쯤 다가오고 있을까. 거의 절망적으로 느껴졌다면 지나치게 비관하는 나의 시각 탓일까.

(2007. 1.)

잉카문명의 불가사의

- 페루의 매력

페루의 수도 리마로

10여 일의 여독이 쌓여만 가는데, 3월 1일은 새벽 4시 기상이다. 8시 45분발 LP 462편을 타야 페루의 수도 리마로 갈 수 있기 때문이다. 바둑판같이 구획된 아르헨티나의 평원지대를 지나 험준한 안데스산맥을 넘고, 태평양 연안을 따라 북상하기를 꼭 4시간 45분 만에, 남미의 태평양 연안 중간쯤에 있는 해변 도시 리마(Lima)에 안착했다. 페루의 수도요 문화, 경제의 중심지인지라, 남미를 찾는 모든 여행객들이 모여들기 마련이다.

남극지방으로부터 북상하는 훔볼트 해류의 수온이 찬 까닭으로, 안개만 낄 뿐 비가 오지 않는 사막지대라는 것이 흠이다. 스페인 왕국의 중심도시로서 부왕(副王)이 주재하던 곳이었으니 스페인풍의 광장과 공원이 많고, 잘 정비된 전원도시이다.

대통령궁, 아르마스광장 등 시내 관광을 하였으나, 비슷비슷한 건물들이고, 가장 인상적인 곳은 황금박물관이라고도 하는 무기박물관이다. 미구엘 무히까 갈로(Miguel Mujica Gallo)의 개인 소장품이었다는데, 그 양과 다양성에 경탄하지 않을 수 없다. 대부분 도굴꾼으로부터 사들였겠지만, 그들에게 문화훈장이라도 주었어야 하지 않았을까.

지하층에는 주로 황금제품인데, 사금을 채취하여 만들었을 18금의 제품들이다. 잉카제국 이전의 부장품, 사람의 두상, 앉은 자세의 미라, 기원전 7800년의 토기까지 있다. 잉카시대의 것이 대부분인데, 술잔, 술병, 식기로부터 목걸이, 코걸이, 허리띠, 팔찌, 옷핀 등 장신구며, 장갑, 외투, 햇빛 가리개, 금박의 벽걸이 등 다양한 제품의 정교함이 잉카문명의 수준을 짐작케 한다. 스페인 통치시대에 들어오면 치마 등 은제품이 등장한다.

지상층으로 올라오면 세계무기박물관이 된다. 창, 칼 같은 원시적인 철제무기로부터 현대적 총포에 이르기까지 그 종류를 헤아릴 수 없다. 일본 사무라이들의 투구, 말안장 등 마구의 종류도 다양하기만 하다. 우리나라 제품으로는 금색 은장도가 유일한 것인데, 관광기념으로 산 것이라고. 하기야 그 옛날 우리나라까지 관광을 온 것만도 장하고 가상하다.

지팡이를 몇 개 모아 놓은 나로서는 각종 지팡이에 시선이 끌릴 수밖에. 처음에는 좀 이상하다 생각했으나, 자세히 보니 손잡이 밑 부분이 빠지며 뾰족한 꼬챙이 무기로 둔갑하게 만들었다. 나는 지팡이의 용도에 호신용의 비중은 거의 두지 않았었는데, 그들은 세상이 험악했던지, 만약의 사태에 대한 경계가 철저했던지 아무튼 현명했나 보다.

점심을 마치고 주변의 유적지 관광에 들어갔다. 아르마스광장에서 '산 크리스토발' 성당을 지나 언덕길을 한참 올라가면 유명한 삭사이와만(Sacsayhuaman)이 나온다. 산언덕을 중심으로 3중의 바위 성벽이 층층이 쌓여 있고, 그 성벽 아래 밖으로는 넓은 초원의 광장이 펼쳐진다. 아래층 성벽의 바위 돌은 더 큰데, 가장 큰 것은 9미터에 달하며, 모서리마다 350톤이 넘는 바위들이 놓여 지그재그로 성벽을 이루고 있다. 놀랍고 신기한 것은 가지각색 형태의 바위들이 틈새가 전혀 없이 입체적으로 맞춰져 있어서, 마치 큰 절벽에 모자이크 선을 그어놓은 것 같이 보인다. 이 요새의 용도가 무엇이었는지, 말(馬)조차 없었던 그 옛날에 어떻게 그 바위들을 운반했으며, 무 토막 썰듯 잘라서 다듬어 끼웠는지, 역사연구가들 간에도 설이 분분하나, 확실한 것은 인간의 손으로 만든 조형물이란 것이다.

잉카인의 뛰어난 건축기술과 돌을 다루는 신기는 다른 유적에서도 얼마든지 엿볼 수 있다. 삭사이와만 석조물을 지나 동쪽으로 10분쯤 가면 켄코(Qenko, 지그재그란 뜻)가 나온다. 이것은 거대한 자연의 바위를 안쪽과 바깥쪽에서 파서 제사를 지내는 종교의식에 사용한 지하신전이다. 미로 같은 좁은 길을 따라 동굴의 안으로 들어가 보니, 살아 있는 제물의 수술대와 제단이 바위를 깎아 만들어져 있다. 원혼들이 아우성이라도 칠 것 같아서 빨리 나오고 말았다.

켄코에서 다시 북쪽으로 2킬로쯤 가서 버스가 섰다. 10여 분 올라가면 땀보마차이(Tambomachay)란 잉카의 목욕탕이 나온다. 3천 7백 미터의 고원지대라 가만히 서 있어도 숨을 몰아쉬게 된다. 고산병 약을 마셨지만 빨리 걸을 수가 없었다. 병원 복도의 중환자 걸음걸이같이 한 발짝 한 발짝 옮기며 가 보니, 쌓아 올린 돌 벽 사이의 구멍 3개에서 맑은 물이 콸콸 쏟아질 뿐, 잡초만이 무성한 돌담은 말이 없다. 그 물이 어디서 솟아난 것인지는 몰라도 완벽한 수로를 거쳐 아래로 고루 흐른다. 돌아와 버스로 조심스럽게 올라서니 기다리던 일행들이 안도의 박수를 쳐준다. 내가 견뎌낼 수 있는 폐활량의 한계를 확인한 셈이다.

땀보마차이를 떠난 버스는 곧 다음날의 '마추피추'를 편히 가기 위해서 해발 2,800미터의 고원지대인 우르밤바(Urubamba)로 향했다. 우르밤바강을 따라 계곡의 절벽길을 구불구불 내려가는데, 안데스산맥이 아니고는 볼 수 없는 절경이다. 저녁 늦게 투숙한 호텔은, 꽃밭 속에 단층으로 나란히 배치한 휴양시설인데, 방 근처로 들어서니 어둠 속에서 꽃향기가 확 풍겨온다. 고급 호텔보다 훨씬 심신을 편하게 해 준다.

다음 날 아침, 가이드의 모닝콜이 올 시각이 아직도 30분이나 남은 시각인데, 이름 모를 산새들의 지저귐이 방음이 안 된 방안을 뒤흔들어댔다. 아직 먼동이 트기도 전이건만 시끄러울 정도로 새들의 모닝콜은 그칠 줄을 몰랐다. 그만 나도 모르게 뛰쳐나갔다.

안데스산맥의 고원지대 객창에서 전원의 정취를 만끽한 우르밤바 강변의 아침을 시간이 간다고 어찌 잊을 수 있으랴.

마추피추의 불가사의

우르밤바에서 마추피추까지 기차로 간다. 그 기차는 우르밤바 강을 왼쪽으로 끼고 평행으로 계속 달리는데, 강과 철로의 양쪽에는 거의 수직 상태의 높은 절벽이 병풍처럼 솟아 있어, 하늘만 빠끔히 보이는 대협곡을 이룬다.

강이라고는 하나 20여 미터의 물결 거센 계곡이니 래프팅을 하면 멋있을 듯, 바라만 보아도 힘이 솟구친다. 이렇게 계곡물과의 동행을 무려 1시간 20분을 하여야 하니, 이곳이 아니면 맛볼 수 없는 대자연의 파노라마다. 길이라고는 이 철로밖에 없다니 귀로의 꼭 같은 즐거움이 또 한 번 남아 있지 않은가. 젊은 연인들이라면 즐거움은 또 배가 될 듯싶다.

간이역에서 간단히 점심을 마치고, 예약된 셔틀버스를 타니, 버스는 바로 강다리를 건너 절벽을 뚫고라도 가는 듯했는데, 수직의 산을 S자 외길로 굽이굽이 돌아 올라간다.

얼마 후에 드디어 정상에 다다르니, 사진으로만 본 돌담 터가 눈앞에 펼쳐진다. 밑에서는 보이지도 않는, 해발 2,465미터의 절벽 위에 놓여 있으니 '공중도시'란 표현이 실감이 나고, 스페인

통치 4백 년간 모르고 숲속에 방치되었었으니 '잃어버린 도시'도 정확한 표현이다.

5평방킬로미터에 이르는 터에 1만 명 정도가 살 수 있는 요새 도시를 하필이면 산등성이에다, 누가, 왜, 어떻게 돌을 다듬어서 건설했는지는 알 길이 없으니, 세계 7대 불가사의의 하나라는 것이 실감이 난다.

유적지는 농업구역과 주거구역으로 나누어진다. 농업구역은 경사지에 계단식으로 돌을 쌓아 밭을 만들어 경작하던 곳이다. 비교적 평평한 주거구역에는 제법 큰 광장도 있고, 왕의 구역, 왕녀의 궁전, 태양의 신전, 달의 신전, 중앙신전, 능묘, 피라미드, 감옥(콘돌의 신전), 서민의 주거 등 오밀조밀 구획을 해 놓았다. 초가지붕은 사라지고, 창구멍이 나 있는 벽들만 덩그러니 서 있으나, 돌을 다듬은 솜씨는 이곳도 신기에 가깝다.

Good-bye-boy의 1불 팁

마추피추를 보고 버스가 하산 길에 들어섰다. 서너 번 S자 길을 돌았을까, 3분의 1쯤 내려온 지점이었나 보다. 6, 7세 정도의 어린이 서너 명이 버스 앞 길옆에서 손을 흔들어댄다. 버스가 한 바퀴 돌아 한층 아래로 내려올 때마다 그 녀석들은 앞질러 나타나서 소리치며 손을 흔들어댄다. 애처롭기도 하고, 호기심 반 흥미도 있다. 그 녀석들은 훈련된 발걸음으로 돌계단 길을 수직으로 내려오니 매번 버스보다 빠르다. 버스와의 경주에 승객들이

관심을 갖게 하고, 마지막 하산 길목에서 다리를 건널 때는 어린 녀석 혼자서 버스를 가로막고 필사의 질주를 하는데, 승객의 호기심은 절정에 이른다.

다리를 건너자 버스가 옆으로 서 주고, 꼬마 녀석이 올라와서 한국인임을 알아차리고, “안녕하세요.” 소리치며 손을 흔든다. 내려가는가 했더니 목에 찬 주머니를 열고 당당히 1불씩을 받아 챙긴다. 누구도 아까워하지 않는 팁을.

그랬다. “너도 안녕하세요.” 꼬마 녀석의 앞날에 축복 있기를 빌며 떠나왔다.

우르밤바의 고원길

우르밤바에 돌아와서 하룻밤을 더 쉬고, 나스카로 가기 위해서 리마로 다시 돌아간다. 돌아가는 길은 온 길이 아니다. 숙소에서 치켜다 보이던 높은 산정으로 올라, 의외로 그곳에 전개되는 고원지대를 달려 쿠스코로 가고, 쿠스코에서 비행기로 리마에 다시 돌아가야 한다. 쿠스코에서 우르밤바까지의 계곡길도 절경이었는데, 우르밤바에서 쿠스코로 돌아가는 해발 3천 3백미터의 고원길은 훨씬 더 아름답지 않은가. 정상의 전망대에서 바라보는 건너편 산의 원경이나 내려다보이는 우르밤바의 계곡, 색채도 선명한 노랑, 보라, 흰색의 꽃들이 연녹색의 초원에 무리를 지어 이어지는 원색의 파노라마는 남미여행 길에서 즐길 수 있는 가장 아름다운 천연미의 백미가 아닐까.

차마고도(茶馬古道)

마지막 도전으로

영상으로 본 차마고도의 아찔한 벼랑길이 얼마나 멋이 있던지, 꼭 한 번 나도 도전하리라 별러오던 터였다. 히말라야의 빙벽을 오르기도 하는데 말을 타고 넘는 것도 못하랴 싶어 괜한 용기를 냈다.

성도에서 하룻밤을 쉬고 몽정산(蒙頂山)으로 향했다. 사천성 야안(雅安)에 있는 명산이다. 그리 높지는 않으나, 비가 많이 오고 지세도 남쪽이 낮아 참 아늑하다. 봉우리들 사이로 맑은 물도 흘러 녹차 경작의 최적 환경이란다. 중국 녹차의 시배지이며 명차의 산지이고 보니 옛날 차마고도의 시발점이 되었다.

한(漢)나라 때부터 재배한 이곳의 차는 향이 좋아 황실에도 진상했다. 차 향내 뿜어대는 밭이랑을 지나 나무 그늘 아래 차린 노천차실에서 모봉, 감로, 황차 등 명차들을 마음껏 시음하자니 우리도 한나라 황제의 팔자쯤은 부러울 게 없었다.

샹그리라(香格里拉)를 넘어

다음 날 아침은 좀 일찍 서둘렀다. 붐비는 샹그리라행 비행기를 타기 위해서다. 이륙 후 한 시간쯤 되었을까, 활주로도 하나뿐인 산악지대의 외딴 비행장에 착륙했다. 이곳 샹그리라는 해발 3,200미터의 고산지대로 티베트의 관문이다. 본래는 운남성 띠칭장족자치주(迪慶藏族自治州)의 쭝띠엔(中甸)현이었으나 여러 경쟁지를 물리치고 '샹그리라'시가 되었다 한다.

샹그리라는 1933년 영국인 작가 제임스 힐튼이 쓴 소설『잃어버린 지평선(Lost Horizon)』에 나오는 이상향이다. 그 소설이 영화로 제작되면서 폭설과 혹한 속에 티베트인이 살고 있는 심산유곡이 신비의 땅으로 많은 사람의 뇌리에 각인되었다. 이에 착안한 중국 당국은 설산과 대초원, 강과 협곡, 원시림과 다양한 동식물, 티베트인의 종교가 고루 갖추어진 곳을 찾다가 골라낸 곳이 바로 쭝띠엔이다. 2001년에 샹그리라로 개명을 하자 한 해에 몇만 명밖에 안 오던 관광객이 백수십만 명으로 늘어나게 되었다. 짝퉁도시가 갑자기 유명세를 타고 번창하게 되었다나.

우리는 티베트풍의 샹그리라 고성과 작은 포탈라궁이라고도 불리는 송찬림사(松贊林寺)를 둘러보았다. 아침에 고산증을 대비해서 약을 먹었는데도 숨이 차오른다. 중환자같이 한 발 한 발 서서히 옮기며 까마득한 꼭대기의 사원들을 돌아 나왔다. 라사에 있는 포탈라궁과는 비교가 안 되지만 그곳을 가 보지 않은 관광객의 시선을 끌기에는 족하다. 티베트까지도 깊숙이 한족화가 되어 명목상의 자치구가 된 마당에 짝퉁도시의 짝퉁사원에서 장족 문화의 진수를 맛볼 수는 없을 터, 어차피 겉모습의 구경에 만족하는 수밖에 도리가 없지 않은가.

호도협(虎渡峽)으로

샹그리라의 산등을 넘으면 고산증의 걱정은 접어도 된다. 계속 협곡을 타고 내려간다. 첩첩이 쌓인 수직 협곡을 굽이굽이 돌아간다. 장강의 발원지가 바로 이곳이다.

양자강의 상류인 금사강(金沙江)가로 내려서니 길옆에 호도협을 알리는 팻말이 서 있다. 이곳에서 다시 산악용 차에 나눠 타고 벼랑길을 오른다. 차에서 내리니 협곡이 발아래 까마득하게 보인다. 이곳부터 한두 사람이 겨우 지나갈 만한 자갈밭길을 말 등에 실려 십 리쯤 올라간다. 험난한 차마고도의 진수를 체험하는 이번 여정의 백미다.

나는 제일 큰 말을 골랐다. 그런데 작은 조랑말도 곧잘 가건만, 이놈은 힘에 겨운지 후룩후룩 한숨을 쉬어 불안하게 한다. 좁은 길이 빗물에 씻겨 가운데가 골이 파였는데 꼭 그 오른쪽 언덕길을 딛고 가니 말의 심보를 알 길이 없다. 풀잎에 가려 몇

센티만 밖으로 헛디디면 천야만야한 절벽인데… '설마하니… 네 놈도 함께 죽을 터인데…' 하고 마음을 달래지만 뒷발을 차며 바위를 오를 때는 정말 간이 오그라든다. 얼마를 이렇게 가다가 산장에 이르니 말에서 내리란다. 잠깐 쉬어 가는가 했더니 다 왔다고 한다. 안도의 숨을 쉬었으나 한동안이나마 험로를 동행한 말을 떠나보내자니 아쉬운 마음도 금할 수 없다.

산장에서 다시 차로 구불구불 내려가니 호도협 전망대에 이른다. 가장 좁은 협곡이고 낙차가 가장 큰 곳이어서 발아래 내려다보이는 흙탕물은 흐른다기보다 소용돌이치며 도리어 솟구쳐 오른다. 넓이 30미터의 강 복판에 큰 바위가 솟아 그것을 딛고 호랑이가 건넜다는 전설이 있어 호도협이란 이름이 붙었다. 아래위로 끝없이 뻗은 협곡에 하늘을 찌르는 산봉우리가 구름에 묻혀 경계를 분간할 수 없으니 자연의 웅대함과 신비에 다시 할 말을 잊는다.

한국의 샹그리라

동행했던 구형우 회장 내외분이 차마고도 여행의 뒤풀이라며 자신의 집에서 모이자고 초대를 해 주셨다. 양평 용천리의 골짝을 따라 높이 올라선 곳에 자리 잡은 저택이다. 계단을 좇아 정원에 서는 순간 탄성이 절로 나온다. 이곳이 바로 한국의 샹그리라가 아닌가. 탁 트인 시야에 서늘한 골바람이 늦더위에 달아오른 마음과 몸을 단숨에 식혀준다.

우거진 등나무 밑의 식탁에는 맛있는 음식이 푸짐하다. 특히 묵은 김치, 묵은지 조림, 감칠맛 나는 깻잎장아찌며 닭강정, 들기름으로 비빈 겉절이비빔밥, 안주인의 정성과 손맛이 돋보이는 황홀한 만찬이다.

어둠이 깃들자 멀리 양평 시가의 불빛마저 별빛으로 바뀌더니 이 또한 샹그리라에서는 볼 수 없는 장관이 아닌가. 올가을의 울릉도, 이태리 여정까지도 들먹이며 웃음꽃으로 저물녘의 숲속 정적을 우리는 흔들어댔다.

(2010. 5.)

카이로와 룩소의 불가사의

카이로 고고학박물관

희랍 관광의 하이라이트가 신전문화로 집약되고, 그것도 기둥 몇 개 남은 폐허 위에서 고대의 모습을 머리로 상상하는 것이라면, 이집트 관광의 하이라이트는 무덤문화요, 그 무덤 속에서 파내온 부장품들을 통해서 4, 5천 년 전 고대의 모습을 눈으로 확인하는 것이라 하겠다. 그리고 그 무덤문화의 사전 교육장이 고고학박물관이라고나 할까?

피라미드뿐만이 아니라, 진열품 모두가 불가사의다. 이집트의 고대문명은 무덤 때문에 쇠락의 길로 떨어졌지만, 오늘의 이집트는 그 무덤을 자랑하며 팔아먹고 사는 셈이다.

전시품 중에 제일 놀라운 것은 파라오 투탕카멘

(Tutankhamun)의 의자와 2중으로 된 관이다. 금은박의 목제품인데, 상감기법으로 보석류나 색유리를 사용하면서 신화의 내용이나 전쟁, 수렵하는 그림 등을 정교하고 화려하게 박아 놓았으니, 단군신화 시대보다 앞선 시기에 그 수준의 기술이 있었으며, 지금까지도 그대로 보전되고 있으니 할 말을 잃는다.

투탕카멘의 순금 마스크나 장신구, 미라를 만들기 위해 빼낸 내장을 담는 관 등등 형용할 길이 없기는 모두 마찬가지이다.

왕가의 골짜기

고대의 수도였던 룩소(Luxor)는 나일강 중류에 위치한 도시이다. 나일강의 동쪽에는 시가지와 신전이 있고, 서쪽에는 테베산 속에 왕가의 골짜기와 왕비의 골짜기가 있다. 어느 골짜기나 지하에는 많은 무덤들이 산재해 있고, 지상에는 신전과 장제신전이 있었으나, 지금은 지하의 무덤만이 남아 있고, 왕비의 골짜기에 장제신전의 유적 하나가 남아 있을 뿐이다.

테베산으로 가는 초입에 있는 신전의 유적지에는 '멤논의 거상(Colossi of Memnon)'이란 거대한 석물 두 개가 나란히 놓여 있다. 어느 것이나 하나의 통돌로 되어 있는 석회암 좌상인데, 그 높이가 20미터나 되니, 그 거대한 것을 어떻게 운반해왔는지, 1미터 남짓한 해태 석물만을 보아온 우리에게는 그저 놀랍기만 하다. 불가사의의 연속이다.

고대 이집트인들은 사후의 세계는 생전 세계의 연장으로 생각했다. 죽으면 영혼이 육체를 벗어나나, 신에게 가서 생전의 행적에 대한 심판을 받고, 합격 판정을 받으면 다시 육체로 돌아와서 만년을 살게 된다고 믿었다. 그러므로 왕이나 귀족들은 신분에 걸맞게 생전에 미리 무덤을 만들고, 그 무덤도 장식을 하지 않을 수 없었던 것이다. 사망하면 시체는 미라를 만들어서, 생전에 쓰던 많은 부장품과 『死者의 책』(상형문자로 된 저승길 안내서)과 함께 화려하게 꾸민 묘(墓) 안에 비치하게 된다.

이러한 묘는 여러 개가 한 지역에 몰려 있어서 네크로폴리스(사자의 마을)를 이루는데, 그중 대표적인 것이 왕가의 골짜기인 것이다.

테베산은 사암으로 이루어진 큰 산이다. 풀 한 포기 없는 황톳빛 돌산인데, 산정의 동쪽에는 '왕비의 골짜기', 서쪽에는 '왕가의 골짜기'가 있어 왕가의 골짜기에는 수없이 많은 왕들의 묘가 지하에 숨겨져 있어 하나씩 찾아 발굴해가고 있다.

이미 발굴된 묘도 여럿이지만, 대표적인 것인 투트메스(Thutmes) Ⅲ세의 묘(KV no. 34)와 세티(Sety) Ⅱ세의 묘(KV no. 15)만을 보았다. 투트메스 Ⅲ세는 제18왕조(BC 479~1426)의 파라오로서, 람세스(Ramses) Ⅱ세와 더불어 가장 국위를 떨쳤던 군왕이다. 이 묘는 왕가의 골짜기에서도 가장 깊숙이 들어간 곳의 암벽에 입구가 있다. 지상 30미터의 높이니 철제 사다리를 타고 올라가야 한다.

좁은 문을 들어서면 경사진 제1통로가 나오고, 그 끝에서 다시 계단을 타고 깊숙이 내려가면 제2통로가 나오고, 넓은 공간이 조성되고, 다시 조금 더 가면 2개의 기둥으로 지탱하는 장방형의 전실(前室)이 직각으로 꺾여 놓여 있다. 전실에서 다시 계단으로 더 내려가면 2개의 기둥이 있는 넓은 석관실로 이어지는데, 이 석관실의 양쪽에는 또 2개씩 부속실까지 마련되어 있다.

벽면에는 모두 그림이나 상형문자들이 새겨져 있는데, 그 벽화의 제작 과정은 작업을 단계별로 하다가 그친 미완성의 세티 Ⅱ세의 묘를 보면 쉽게 알 수 있다.

동굴을 파고, 평평하게 벽면을 갈아내고, 석회를 1센티미터쯤 바르고, 그 위에 그림을 그리고 나면, 다시 정교하게 조각을 하고, 마지막으로 채색을 하는 작업을 좁은 공간에서 조명시설도 특별한 장비도 없이 해냈으니, 그 노력과 기술은 상상을 초월하는 것이다. 그렇게 완벽하게 만들어 숨겨놓은 투트메스 Ⅱ세의 묘도 어떻게 찾아내었는지 도굴을 당했다니, 이집트 도굴꾼들의 기술 또한 신기의 수준이 아닐 수 없다.

왕가의 골짜기를 나와 돌아오는 길에 왕비의 골짜기에 들렀다. 이곳에는 왕비와 왕자들의 묘와 귀족들의 묘가 모여 있고, 지상에는 하트셉수트 여왕의 장제전(Temple of Hatshepsut)이 남아 있는데, 이 자리는 동양의 풍수설로 보면 빼어난 명당자리라 하겠다.

카르낙의 신전과 룩소신전

오후에는 태양신의 주 신전인 카르낙(Karnak)신전과 부속신전인 룩소신전을 보았다. 룩소신전은 길이 260미터나 되는 대신전이며, 3대에 걸쳐서 람세스 Ⅱ세가 완성한 것이다.

룩소신전과 3킬로쯤 떨어져서 카르낙의 신전지역이 있는데, 그 사이를 잇는 긴 길옆에는 산양의 머리를 한 거대한 스핑크스 수십 개가 도열해 있다. 룩소신전 입구에 세운 람세스 Ⅱ세의 승전비인 오벨리스크 2개 중, 왼쪽에 세워진 높이 25미터의 것만 남아 있고, 오른쪽에 있었던 것은 약탈당해서 1836년에 프랑스의 콩코드광장에 세워졌다고 한다. 신전 입구에 있는 높이 15.5미터, 좌대 높이 1미터나 되는 파라오의 거대한 좌상 2개, 2열의 원주(圓柱)로 둘러싸인 람세스 Ⅱ세의 중간 뜰 등 놀랍기만 하다.

카르낙의 고고학 지역은 3개의 신전지대로 나뉘는데, 아직도 발굴이 계속되고 있다. 그중 아몬신전(Temple of Amon)이 제일 장엄한데, 다주식(多柱式)신전으로는 세계 최대의 것이며, 맨해튼의 반 정도 크기라고 한다.

가장 압도적인 것은 대회의실이다. 폭 102미터, 길이 52미터의 공간에 높이 23미터의 둥근 돌기둥이 134개나 들어서 있으니 '원주의 숲'이라고 할 만도 하다.

피라미드와 스핑크스

4월 20일 아침 5시 발 비행기로 다시 카이로로 돌아와서, 기자(Giza) 관광에 들어갔다. 기자는 카이로에 있는 큰 묘에 붙여진 이름이다. 왕의 묘 3기가 있는데, 그것이 세계 7대 불가사의 중 하나인 피라미드이다. 그중 최대의 것이 쿠후왕의 피라미드인데,

높이가 146미터(현재는 137미터)이고, 지금은 외장석이 전부 없어져 울퉁불퉁하게 되어 있다.

그 피라미드의 350미터 앞에 스핑크스가 있다. 머리는 사람이고 몸통은 사자인 이 인면수(人面獸)의 길이는 73미터나 된다.

호기심에 피라미드의 내부로 들어가 보았다. 쪼그리고 기어들어가야 할 좁은 공간인 데다, 아래위로 오르내리는가 하면 옆으로 꺾이기도 한다. 통로 끝에 있는 석실까지 가니 다리도 후들거리지만, 공기가 탁해서 빨리 되돌아 나오고 말았다.

이 피라미드도 밤낮없이 눈을 부릅뜨고 지켜온 스핑크스가 무색하게, 예외 없이 도굴꾼들에게 도굴을 당했다고 한다. 창조하면 약탈하고, 깊이 묻어 놓아도 기어코 도굴하니, 인류의 역사란 염치없는 인간들의 탐욕 소산이요, 쟁탈전의 연속인지도 모른다.

크루즈 오경(五景)

하버드빙하의 신비

밤새워 남으로 항진해 온 서미트호는 둘째 날 아침 야쿠타트만(Yakutat Bay)에 들어섰다. 하버드빙하의 해상 관광은 온종일 달리며 계속되었고, 오후 5시경에야 야쿠타트만을 떠나 다시 남쪽 주노로 향했다.

하버드빙하(Hubbard Glacier)는 빙하기시대 이래의 신비를 간직한 채 그 장엄한 모습을 자랑한다. 매일 130피트를 움직인다고 하는데, 90마일에 걸치는 얼음댐의 거구가 매일 조금씩 바닷속으로 묻혀 내리며, 수없이 많은 빙산과 빙괴를 태평양으로 띄워 보낸다. 기온이 올라가는 12시부터 2시 사이가 하이라이트라고 하는데, 이따금 천둥 같은 굉음과 함께 거대한 빙벽이 무너지며 수백 척 물기둥을 뿜어 올리면, 갑판 위의 사진사들은 환성을 올리며 셔터 누르기에 손길이 바빠진다.

다음 날 아침, 주노에서, 가장 가까운 거리에 접근할 수 있다는 멘덴홀빙하(Mendenhall Glacier)와 빙하관광센터의 영상자료들을 보고 나니, 하버드빙하의 위용이 더욱 눈에 선해지고, 아쉽게 느껴지기도 했다.

로버트 산에서 바라보는 주노

주노(Juneau)는 알래스카의 주청(州廳) 소재지일 뿐만 아니라 알래스카에서 가장 아름다운 도시로 손꼽힌다. 높은 산 속으로 깊숙이 밀고 들어온 바다가 천혜의 항구를 이루어 대형 유람선이 정박하고, 양쪽 해변을 따라 구불구불 도로가 이어지며, 그 노변에 깨끗한 상가와 별장이 그림같이 들어서니, 자연과 가장 잘 어우러진 인간의 삶터라 하겠다.

주노의 아름다운 경관은 로버트 산정에 올라가 바라보아야 실감이 난다. 만 이틀 만에 처음으로 육지에 풀어놓으니, 기분이 한층 상쾌한데, 자유 시간을 얻자 시가지 옆에 우뚝 솟은 로버트 산(Mount Roberts)에 오르기로 했다. 해발 548.64미터이나 정상 부근의 골짜기에는 아직도 흰 눈이 여기저기 쌓여 있다. 대개 중턱까지는 케이블카로 올라가는데, 산을 즐기는 참예술사랑회의 몇 사람은 발걸음도 가볍게 앞장서서 올라가는 대도관광의 홍두표 회장을 뒤쫓아 팔부 능선까지 올라가며, 모처럼의 이국(異國) 트레킹을 즐겼다.

아득히 발아래 펼쳐진 주노 전경의 그림 같은 풍경도 풍경이지만, 짤막짤막한 고산목(高山木)의 사이로 깔려 있는 야생화는 티 없이 청초하고 귀엽고, 애처롭기까지도 하다. 혹심한 한풍 설한 속에서 살아남아 종(種)을 이어 가자니, 나름대로 덩치를 줄이며 가냘픈 꽃들을 피워내지만, 그 특이한 모양과 원색 꽃잎의 아름다움은 고산지대에서만 맛볼 수 있는 대자연의 섭리요 신비이다. 알래스카 전역에 깔려 있는 분홍색 '불꽃(Fire weed)'은 로버트 산 등성이에서도 가냘프게 피어 나그네의 마음을 사로잡았다.

선상 해돋이

북극이 가까워서 밤 11시경에야 해가 지고, 새벽 4시면 훤하게 밝는다. 새벽잠이 없는 탓으로, 선창 밖이 밝아 왔기에 11층 갑판으로(갑판마다 이름이 있는데, Sunrise Deck라고 이름도 잘 지었다) 올라갔다.

1천 2백 명 관광객 중 서양 노인 한 사람이 시원한 바람을 헤치며 갑판 위 트랙을 걷고 있었다. 나도 두어 바퀴쯤 돌았을 때다. 아득히 먼 산봉우리 위로 하늘이 붉게 물들더니 달덩이 같은 붉은 해가 수줍은 듯 둥근 모습을 드러내는 것이 아닌가? 광활한 태평양상에서, 대기가 맑고 지평선이 먼 탓인지도 모르겠다.

서울의 우면산(牛眠山)에서 보는 아침 해는 2, 3분이면 솟아올라 가까이서 이글거리니 더 응시할 수가 없는데, 붉고 둥근 해를 한없이 바라볼 수가 있다. 마치 구름에 달 가듯, 검은 산봉우리에 감춰졌다가는 다시 옆으로 내밀고… 해가 옆으로 뜬다.

24노트로 배도 가고, 그 위를 나도 가니, 무려 45분 이상을 옆으로 흐르듯 달리는 붉은 쟁반을 바라볼 수 있었으니, 신기한 일출을 싫도록 감상할 수 있었다. 그 후에 해가 산봉우리를 완전히 벗어나자, 그때는 정말 눈이 부시게 이글거리는 불덩이가 바다에 비쳐 출렁이는 불기둥이 수백 리 뱃전까지 와 닿는다. 그 광경도 10여 분을 훨씬 넘게 지속되니 황홀경에도 지치고 싫증이 났다.

언젠가 시간이 나면 정동진 해돋이 관광열차를 타려던 꿈은 이제 접어 두기로 했다.

스카그웨이의 화이트 패스 협궤열차

넷째 날 아침 7시에 배는 스카그웨이(Skagway)에 정박했다. 주민 7백 명 정도의 산골도시이나, 금이 발견된 캐나다의 유콘(Yukon)으로 가는 관문이었기에, 19세기 말 노다지를 찾아 북적이던 시절에는 2만을 넘는 중심도시였다고 한다.

스카그웨이는 해발 2천 미터가 넘는 산으로 둘러싸인 항구도시이니, 골드 러쉬의 낭만이 넘치는 화이트 패스(White Pass) 협궤열차를 타고 그 깎아지른 험준한 절벽 위를 달릴 때면, 노다지꾼들의 숨결과 스릴을 맛볼 수 있었다. 5, 6학년이라는 할머니들이 체면도 팽개치고, 이쪽저쪽 몰리며 아우성들이다. 옛 시절의 수학여행인들 그렇게 즐거웠을까?

선상의 범문교(Lions Gate Bridge)

알래스카 크루즈의 마지막 기항지인 밴쿠버항에 들어서면 아름다운 범문교가 시선을 끈다. 바다 위에 떠 있는 섬들의 나무숲과 그 너머로 솟구친 초고층 빌딩숲, 섬과 시가지 사이에 걸려 있는 범문교. 이 한 폭의 살아 있는 그림이야말로 정말 조화미의 극치다. 육지에서 본 샌프란시스코의 금문교보다 해상에서 바라다보는 이곳 밴쿠버의 범문교가 훨씬 아름답다. 물론 같은 범문교도 해상 멀리서 바라보는 것보다 밑을 지나며 치켜다 보니 현수교의 아름다움에 생동감마저 더해주어 크루즈 여행의 하이라이트를 장식해 주었다. 밴쿠버항이야말로 세계 3대 미항에 들어가야 옳겠다고 생각했는데, 가이드의 말로는 4대 미항으로 꼽힌다고 한다.

놓쳐버린 내해관광

5일째 되던 날에는 포유동물의 천국으로 자연환경이 잘 보존되어 있다는 아이씨 스트레이트항(Icy Strait Point) 밖에 서미트호를 정박하고, 텐더(Tender, 승객수송용 보트)편으로 휴양시설을 갖춘 섬으로 건너가 한나절의 여유로움을 만끽하며 보냈다.

다음날은 알래스카 최남단의 관광도시인 케치칸(Ketchikan)에 들렀다. 원주민의 원시적 생활상이 이채로웠지만, 어쩐지 그들의 장승문화는 친근감을 갖게 한다. 우리나라 시골 마을 어귀의 소박하고 단순한 장승에 비하면, 요란하게 채색이 되어 있고, 4, 5

층 머리 위에 떠받들고 서 있는 괴상한 상징물마다, 그들의 원시적인 신앙과 삶의 옛이야기가 섞여 있다는 것이 호기심과 흥미를 돋우어 준다.

케치칸을 떠나 밴쿠버로 가는 내해항로의 경관이 아름다워, 양쪽에 깎아지른 절벽이 병풍처럼 이어지는 비경을 놓칠 수 없다고 들었는데, 어찌된 일인지 배가 뒤늦게 출항하게 되어, 밤에 지나가야 했다. 눈을 떠보니 벌써 밴쿠버항에 다 온 것이 아닌가? 놓쳐버린 내해 경관은 상상 속의 그림으로 간직하며 아쉬운 마음을 달랠 수밖에….

폴란드의 그늘진 관광지

11시간 반을 날아와 프라하공항에 내리니 해는 도무지 질 생각을 않는다. 참으로 길고 긴 하루를 지내는 셈이다. 침대에 누웠지만 잠을 자는 둥 마는 둥 하고 아침 일찍 폴란드 국경을 넘는다. 그렇게도 화창하던 날씨가 돌변하여 비를 뿌린다. 창밖의 들판 풍광이야 더 운치가 있지만 우리가 찾는 그곳의 악명 높은 수용소 분위기엔 맞춤인 듯하다. 버려진 흉가라도 찾아든 것 같은 음산한 분위기였다.

크라카우는 옛날의 수도로 이름나기보다 그 가까이에 있는 오시비엥침(Ocwiecim) 수용소와 비엘리츠카(Wieliczka) 소금광산 때문에 더 잘 알려지고 있다. 특이한 관광명소가 되었으니 이 나라의 그늘진 역사의 단면이 햇볕을 보게 된 셈이다.

한적한 벌판에 허름한 건물들이 녹슨 철조망으로 둘러져 있다. 오시비엥침 수용소다. 들어가는 문 위에 간판 대신 올려놓은 'ARBEIT MACHT FREI'라는 아치형 글자들이 웃음을 자아낸다. 노동이 자유를 가져온다지만 고통과 죽음의 관문이었으니 그 얼마나 가증스러운가. 일단 들어오면 연기가 되어 사라져가는 길밖에 없다는 바로 그 생지옥의 정문인데….

폴란드를 점령한 독일군은 1940년 4월 이곳에 제1수용소를 건립했다. 다음 해에는 약 3킬로미터쯤 떨어진 브레제진카 마을 외곽에다 열 배나 되는 제2수용소도 만들었으나 패전하면서 사실을 은폐하기 위해 폭파해버렸다.

이 수용소는 처음에는 폴란드의 정치범들을 수용하기 위해 만 명쯤 수용할 수 있는 규모로 지었다. 그러나 점차 대상이 확대되어 집시, 장애인, 유대인 등 미운 놈들을 모조리 유럽 전역에서 끌어다가 죽이는 살인공장으로 바꾸어 놓은 셈이다.

짐승의 우리만도 못한 열악한 생활공간이 그대로 남아 있다. 수십 개의 창고에 수용자들의 유품이 가득 쌓여 있어 그 참상을 가히 연상할 만하다. 그들이 쓰던 낡은 안경, 장애인들의 몸을 지탱해 주던 의족이며 의료기기, 크고 작은 가죽 신발이며 구두약통, 주인의 이름이 붙어 있는 배낭, 단란한 생활을 꿈꾸며 가져왔을 냄비며 식기류, 사그라진 의상들이 산더미 같다.

대중탕에서 목욕을 한대서 알몸으로 들어서면 천장의 수도꼭지에선 독가스가 흘러나와 질식시켰을 것이다. 벽면에 긁어 놓은 손톱자국들이 마지막 몸부림을 생생하게 보여준다. 그 죽음도 시간을 단축하려고 강력한 싸이클론B 가스까지 개발했다니….

궂은 비 맞아가며 외진 곳 찾아드니
녹슬은 철조망에 살인공장 덩그렇고
세상사 덧없다 하나 이보다 더할 손가

미치광이 권력 잡자 미운 놈 씨 말리려
사방에서 불러 모아 지옥에 가둬놓고
일하면 자유를 준다 뻔뻔스레 꾀었나

목욕한다 벗기고 가스탕에 몰아넣어
재물 뺏고 목숨 앗아 연기로 내보내니
악마가 따로 없듯이 흉측도 한스럽다

–「오시비엥침 수용소」

그 시체들을 뒤척이며 금붙이를 떼어내고 머리카락을 잘라냈을 터이니 끔찍한 일이다. 그 머리카락으로 카펫이나 양복지를 짜는 데 이용했다니 그것을 알고서야 어찌 편안히 사용했으랴. 쌓인 머리카락을 보니 생뚱맞게도 스스로 잘라 판 우리나라의 어머니, 딸들의 생각이 떠올랐다. 시골 골목을 누비며 엿장수가 모아온 머리카락으로 가발을 만들어 수출했던 원시적인 외화벌이 시대가 얼마 전에 우리에겐 있었다. 세계 120개국 중 인도 다음으로 못사는 국민소득 76불의 지난 시대를, 그때의 고달픔을 잊고 호화롭게 관광을 나다니는 오늘의 젊은 세대들이 상상이나 할 수 있을까.

유품 창고보다도 놀라운 것은 사망자들의 사진이며 인적사항과 사망일까지도 기록하여 놓은 전시실이다. 지금도 독일 사람들은 조상이 저지른 죄과를 확인하고 부끄러운 과거를 청산하려고 이곳을 찾는단다.

그러나 일본인들은 폴란드의 단체관광 코스에서 이 수용소를 제외하며, 정부에서도 그렇게 권한다고 들었다. 자신들의 죄과를 숨기기에 급급하여 역사적 사실까지도 왜곡하려 드는 이들이 이곳에 와 보면 어떤 생각을 할까 참으로 궁금해진다. 하기는 지금도 이보다 못하지 않을 생지옥이 이 지구상에 있다 생각하니 왠지 마음이 더 아프다.

우울해진 기분을 털어내며 크라쿠프의 남동쪽으로 13킬로미터 떨어진 비엘리츠카로 향했다. 소금광산을 보기 위해서다. 13세기 무렵부터 7백 년 동안이나 계속 채굴하여 폴란드 왕국을 지탱한 것도 자랑거리지만, 그 속에 차려진 예술품들이 관광객을 끌어들이고 있다.

이 광산은 지하 65미터까지는 수직으로 된 나무계단(378개)을 뱅글뱅글 돌며 내려간다. 여기서 시작하여 지하 135미터까지 내려가면서 약 2.5킬로미터를 둘러보고 나면 웬만해선 지치기 마련이다. 놀랍게도 이 개방된 공간은 광산 전체의 삼분의 일도 되지 않는다. 지하 327미터까지 채굴한 자리에는 방이 2,040개나

되고, 모든 방을 연결하는 복도의 길이는 약 2백킬로미터에 달한다고 하니 그 규모는 상상을 초월한다.

천장과 바닥이며 벽이 모두 순도 높은 암염일 뿐만 아니라, 너른 공간마다 즐비하게 서 있는 조각품이나 건축물이 정교한 걸작품들이다. 그것을 만든 사람들이 모두 평범한 광부라기보다 신의 계시를 받은 조각가들임이 틀림없겠다.

코페르니쿠스, 괴테, 킹가 공주, 교황 요한 바오르 2세의 조각상 등이 특히 눈길을 끌고, 최후의 만찬 조각상은 최고의 걸작품에 버금간다.

지하 110미터에 자리한 킹가대성당은 길이 54미터, 폭 17미터, 높이 12미터나 되며, 70여 년이 걸려 1963년에 완공했다고 한다. 불이 들어와 빛나는 샹들리에마저도 그 소재는 암염이다.

이 광산 안에는 레스토랑, 탁구장, 콘서트홀, 예배당, 간단하게 할 수 있는 인터넷 시설, 박물관 등 땅 위의 온갖 편의시설을 고스란히 옮겨다 놓아 지하생활이라고 불편을 전혀 느끼지 않을 정도라고 한다.

이러한 작품들이 큰 희생 없이 이루어질 리는 만무하니 그 그늘에는 가슴 아린 사연들이 얼마나 많이 깃들어 있을까. 망아지를 안고 내려와서 죽도록 어둠 속에서 부리다 보면 시력까지 잃게 된다니….

잠깐 들러 간 명사들의 조각상보다는 어려서 들어와 영영 햇빛을 못 본 짐승들의 위령탑이라도 하나쯤 세워 주었으면 하는 아쉬움이 내 가슴을 짓누른다.

천지개벽 일어나 산속으로 묻힌 소금
수천 척 파 내려가 또 한 번 개벽인가
돌인 양 깎고 다듬어 별세상 일궈냈네

망아지 길러내어 눈멀도록 부려가며
고된 세월 달래려 성당까지 차렸던가
그 영혼 하늘로 올라 영생복락 누리리

-「산속의 소금을 파내고」

(2013. 4.)

히말라야의 장관

네팔 여행은 이번이 두 번째다. 지난번에는 티베트를 가기 위해서였고, 이번에는 인도를 가기 위해서다. 카트만두 시내관광은 대개가 정해진 곳들이니 이번에는 별로 흥미가 없었으나, 포카라(Pokhara)의 안나푸르나가 들어 있는 상품이 유혹을 한 셈이다.

2008년 1월 18일 정오에 카트만두를 떠난 경비행기는 30여 분만에 포카라에 안착하였다. 산이 보이는 것도 아니고 한적한 시골 도시를 무엇 하러 왔나 싶었으나, 다음 날에서야 흐린 날씨 탓이었음을 알았다.

오염되는 페와호수

오후 일정에 여유가 생겨서 페와호(Phewa Lake)의 유람선 타기로 일정을 앞당겼다. 페와호는 네팔 포카라 남쪽에 위치한 호수로, 면적은 약 4.4평방킬로미터에 이르고 있어 네팔 제2의 큰 호수다. 히말라야의 만년설이 녹아내린 물이 모여 해발 80미터 지역에 생성된 것이라니 신기하기만 했다.

말이 유람선이지 3, 4인승 보트가 호숫가에 줄지어 모여 있다. 4인 한 조가 되어 타는데 6, 7세 정도로 보이는 어린이가 마지막으로 올라타며 "나마스떼(안녕하십니까?)"라고 인사를 한다.

보트는 금방이라도 물속으로 가라앉을 듯 뱃전에 물이 찰랑찰랑댄다. 꼬마가 서서히 노를 저어 호수 깊은 곳으로 떠나가니 잔잔한 호수 면에 차츰 멀리서부터 점점 가깝게 파도가 일어난다. 함께 탔던 두 여인은 겁에 질려 야단이다.

"이게 무슨 유람선이야? 속았어!!"

"여기서 빠지면 여권이 젖어 큰일이야."

"여권이 문제야? 꼼짝없이 죽는단 말이야. 야!! 빨리 되돌아가자. 나는 안 타."

건기라 호수 물도 적으려니와 부유물도 많았고 많은 관광객이 모여드니 점점 오염되기 마련이렷다. 마침 날씨마저 흐리니 호수 물도 검게만 보인다. 쾌청한 날씨였다면 안나푸르나의 흰 설봉들이 눈앞에 보이고, 산봉우리들이 맑은 호수에 비칠 때의 호수의 풍광은 세인의 찬탄을 자아내 자픔회할 민도 하겠다.

안나푸르나의 연봉들

다음날 새벽에는 일찍 출발하여 일출을 보기로 했다. 일찍 잔다고 한 것이 오히려 가슴이 설레어 잠을 설치고 말았다. 새벽

6시에 숙소를 출발하여 산 중턱의 일출전망대로 향했다. 커피를 마시며 얼마쯤 기다리니 봉우리들이 붉은빛을 반사하며 그 웅장한 자태를 드러낸다. 그러나 붉은 해가 어둠 속에서 솟아나며 타오르는 황홀한 해돋이는 볼 수가 없었다. 산 너머 멀리서 이미 떠오른 태양의 햇살이 눈앞에 가까이 솟아 있는 안나푸르나 연봉에 비치니 어둠 속에서 갑자기 흰색의 봉우리가 나타나 눈이 부실 뿐이다. 그래도 새롭게 펼쳐지는 신천지에 매료되어 셔터를 누르기에 손이 바빴다.

안나푸르나는 네 개의 큰 봉우리(Annapurna South: 7,219m, Machhapuchhre: 6,997m, Annapurna II: 7,939m, Lamjung Himal: 6,986m)로 이루어졌다.

그러나 마차푸차레는 정상부 눈 쌓인 부분의 모습이 물고기 꼬리지느러미처럼 생겨서 'Fish Tail'이란 이름이 붙었고, 가까이 있어서 제일 높아 보이며 멋이 있었다. 티베트 난민촌에서 기념으로 산 원색이 화려한 운동모자에도 'Fish Tail'이란 글자를 수놓았다. Fish Tail도 보는 각도에 따라 봉우리의 모습이 다르게 보이는데, 이 산은 네팔인들이 신성시하여 등반도 금지되어 있다고 한다.

날이 밝아 숙소에 내려와서 쳐다보니 어제 없던 안나푸르나 연봉이 선명하지 않은가. 굳이 전망대까지 아니 가더라도 어느 곳에서나 볼 수 있으니 포카라가 얼마나 아름다운 도시인가. 한동안 쉬었다 가고 싶은 곳이다.

내려다본 에베레스트

돌아오는 길에 히말라야산맥을 둘러보는 옵션 투어를 했다. 예티 항공사의 경비행기로 약 1시간 동안 병풍처럼 늘어선 히말라야산맥의 장관을 내려다보는 상품이다.

히말라야야말로 세계의 지붕이다. 지구촌에 있는 8천미터급 봉우리 14개 중 8개가 이곳 네팔의 히말라야에 있고, 7천미터급으로는 1백여 개를 헤아린다니 그 장엄한 자연미는 네팔 여행의 백미라 하겠다.

세계의 등반가들이 목숨을 걸고 도전을 하는데, 비행기에서 편히 내려다보며 즐기는 일이 어찌 발로 기어오르는 쾌감하고야 비할 것인가 싶어서 낯 뜨겁기도 하였다. 등반의 성취감과 희열은 흘린 땀과 참아낸 고통에 정비례하는 것이거늘.

기상 상태가 좋아서 에베레스트 가까이까지 접근하며 만년설과 운해로 이어지는 히말라야 영봉들을 마음껏 감상할 수 있었으니 네팔의 열악한 관광 환경의 고통을 깨끗이 잊게 한다.

문득 룸투리드(Room to Read)재단의 설립자 존 우드(John Wood)가 생각났다. 그는 우연히 히말라야 트레킹 중 열악한 시설의 학교와 도서관, 흙바닥에서 공부하는 아이들을 보고 자신의 열정을 제3세계 교육·자선사업에 쏟기로 결심하고, 마이크로소프트 중국지사의 CEO 자리를 미련 없이 내던진다. 윈도스 판매실적 수백만 달러보다 오지 아이들에게 책을 주는 것이 훨씬 가치 있는 일임을 느낀다.

이렇게 사람을 거듭나게 할 수 있는 신통력도 역시 히말라야의 지기가 아니었을까 생각하며, 대자연의 위력에 스스로 빨려들어가는 것을 느꼈다.

3

마음부터 비우려

내 삶의 마무리

앞만 보고 달려온 나그네의 길, 어느 결에 산수의 고개를 넘어 팔팔의 산마루터기에 올라섰다. 감개무량이 아니라 허무함과 조급함이 앞서니 어쩌랴.

코로나19를 견뎌내느라 몇 달 동안 집밖 나들이를 못하였거늘 세월은 속절없이 흘러가 가을이 깊어졌다. 인근 공원의 거목들이 붉게 물드나 했더니 윗가지로부터 한 잎 두 잎 떨어지고 있다. 새봄을 꿈꾸며 겨울에 대비하는 나무의 지혜렷다. 바람에 날리는 가랑잎들을 볼 때마다 나도 '겨울 나그네' 신세가 되었으니 미리미리 길 준비를 해야겠다는 생각을 하게 된다.

간소한 가족장

어제는 가까운 곳에 바람이라도 쏘이러 가자는 막내아

들의 제안에 고맙다고 따라나섰다. 양지를 지나 이천시에 들어섰는데 얼마 안 가 도로를 벗어나자 바로 목적지에 들어섰다. EDEN PARA DISE란 책자를 보고 찾아왔다는데 기독교 재단이 운영하는 공원묘지(납골당)였다.

외국의 장례문화를 두루 살펴서 고안한 시설이니 철학과 신앙이 담긴 공원이고 쾌적한 치유의 쉼터가 아닌가. 아늑한 산골에 입구부터 오밀조밀 꾸며진 공원의 전경이 내 시선을 끈다. 묘지는 보이지도 않고, 온갖 편의시설을 모아놓은 리조트를 찾아온 느낌이다.

회원 각자가 구매한 봉안당이 삼면의 벽에 가득 설치되어 있다. 밝은색에 채광도 잘되는 공간이니 음울한 분위기는 전혀 느끼지 못한다. 봉안당 안에는 유골함과 사진이나 삶의 기록물까지 비치할 수 있으니 추억을 되살릴 수 있는 추모의 공간이다.

흙에 유골을 매장하는 자연장도 하거니와 흐르는 물에 녹아든 골분이 넓은 정원 곳곳으로 스며들게 마련한 유수식(流水式) 자연장도 있으니 독보적 시설이라 자랑할 만도 하다.

산기슭으로는 숙박시설이 있어 며칠이고 쉬어갈 수도 있으니 쾌적한 휴식처이기도 하다. 여름 성수기에는 마땅한 피서지를 찾아가기도 어려운데, 이 '에덴 낙원'으로 와서 쉬면 좋겠다. 내가 10년 만 이 시설을 활용할 수 있다면 즉시 회원권을 사고 싶은 충동마저 생기나 지금의 내 처지로는 자신이 없으니 어쩌랴.

내가 사후에 국군묘지에 묻히기를 포기한 지는 오래됐다. 그러나 화장을 할까 말까 망설여왔는데, 오늘에야 화장을 하기로 결심을 하게 됐다. 그리고 가업리 이씨 종중 묘역에 묻히기로 마음을 굳혔다.

종중 묘역의 표지 시비(詩碑)

몇 해 전 연라리의 종중 소유 산에 가업리 이씨 종중 묘역을 설치했다. 지형이 좋지 않아 몇 층의 계단을 만들었고, 층마다 여러 기의 묘를 안치할 수 있다. 종중에서 벌초를 비롯해 묘역 관리를 공동으로 하고, 관리의 편의를 도모하여 사각의 평분 묘로 하되, 사망 순서대로 위에서 아래로 안치하기로 정해 놓았다.

나의 아버지는 생전에 산을 사서 당신이 묻힐 가묘까지 마련하여 나에게 넘겨주셨다. 나는 그 산을 네 자녀에게 물려주긴 했지만, 세월이 갈수록 묘역 관리가 쉽지 않을 뿐만 아니라, 그 산을 개발하여 부가가치를 높이는 것도 내 도리라는 생각이 들어 종중 묘역으로 이장을 하였다. 그러나 고인의 뜻이 일 대도 못 넘기고 망각된 꼴이 되었으니 한편 마음이 아팠다. 그래서 시비를 종중 묘역의 입구에 세워 묘역의 품격이라도 높이기로 했다.

임진년 윤삼월에 좋은 날짜 골라서
배산 임수 찾아오니 선경인 양 흐뭇해
만대에 번영할 터는 이곳이 분명하네

종중이 뜻 모아 정성 들여 차린 터에

높은 당집 모셔놓고 차례를 드리오니
후손들 보살피시며 평안히 잠드소서

– 「모두 즐겁게」(2022. 1. 12)

영락재의 꿈

나의 한평생을 한눈에 훑어볼 수 있게 내가 평생 써낸 저작물이나 기념품 등을 한자리에 모아 오래도록 보전했으면 하는 욕망은 해를 거듭할수록 절실해진다. 임시방편으로 여내울 농장 안에 송암관(松巖館) 간판을 걸어보았으나 여건상 그 양성화가 어렵다.

솔이 박힌 언덕엔 정자가 오뚝하고
바위에 터를 잡은 농막마저 서늘하니
솔과 돌 함께 어울려 천만 년은 푸르리

– 「송암관」(2022. 1. 12)

가업리 종중의 모임에 갈 때마다 임시로 갖다 놓은 컨테이너 안에서 복작대는 것이 불편하기도 하고, 번듯한 사당 하나 갖추지 못한 우리들의 처지가 대외적으로는 부끄럽기도 했다. 다른 재산을 정리하여서라도 번듯한 사당을 마련하는 것이 후손들의 할 일이 아닌가 생각도 해 본다. 사당을 신축한다면 그 뜻있는 공사에 나라도 흔쾌히 기여하고 싶은 심정이다.

새로운 사당의 꿈을 꾸며 영락재(永樂齋)란 이름부터 지어보았다. 사당을 종중에서 마련할 때까지는 나의 서고 이름으로 사용하고, 사당이 건립되면 일층에 영락재 현판을 달고 이층에는 송암관 현판을 걸었으면 얼마나 좋을까.

북성산 남녘 자락 여내울의 푸른 뜰
글방에 모여들고 숭조돈종(崇祖敦宗) 뜻 모으니
온 집안 웃음꽃 넘쳐 길이길이 빛나리

－「영락재 차려놓고」(2022. 2. 12)

언젠가 내 기념관의 운을 떼어보니 자식들의 생각은 너무도 달라서 체념하고, 나 혼자 할 수 있는 방법으로 『해암문학관』을 발간했다. 마침 코로나19의 만연으로 모임이 모두 연기되는 바람에 아직까지 배부도 못하고 쌓아 놓은 형편이 아닌가. 고인들의 사진이나 어록들이 영상화되어 누구나 쉽게 찾아볼 수 있는 에덴 낙원의 시설을 보니 부럽기 이를 데 없었다. 송암관의 꿈이 되살아난다.

욕심을 버리라 하지만 마음을 비운다는 것이 나 같은 범부에게는 쉬운 일이 아니다. 내 삶의 발자취를 한눈에 돌아볼 수 있는 송암관이 마련되어 길이길이 보전되었으면 하는 것이 겨울 나그네의 소원이다.

공수래공수거(空手來空手去)라면 할 말은 없지만 아쉬움은 남는다. 내 삶의 가을걷이를 얼마나 알뜰하게 할 수 있을지 마음만 조급해 온다.

(2022. 1. 1)

내 집 식구들에게

떨어져 산다지만 자주 만나고 전화도 있으니 편지를 쓸 일이 별로 없어 글 한 줄 보내지 않고 살아왔다. 그런데 요새 와서 갑자기 다리가 무거워지고 왼발을 내디딜 때마다 허벅지가 아프니 징조가 좋지 않구나. 앉아 있을 수 있을 때 몇 자 남기려 한다.

얼마 전 수정이가 난데없이 "아버지, 유서 써 놓으셨어요?" 한다. 이유야 무엇이든 깜짝 놀랐다. 백세시대라고는 하지만 내 삶의 가을걷이를 할 일이 급해진 것 같다. 88세까지 살면 여한이 없겠다고 했는데, 어느 결에 구순의 산마루에 올라왔으니 어쩌랴.

내가 가장 소망하는 것은 형제들 사이에 의가 좋아서 항상 화목하게 살아가는 것이다. 재산이 있으면 많을 수록 자기 욕심에 사로잡혀 양보와 돌봄 없이 싸움을 하기 쉽다. 가정이 화목해야 모든 일이 잘 풀리는 법이다. 한마디로 가화만사성(家和萬事成)이라 했다.

각자가 살아가는데 마음에 담아야 할 것은, 일체유심조(一切唯心造)다. 팔만대장경을 압축한 것이 261자의 반야심경이고, 반야

심경을 한마디로 줄이면 일체유심조가 되고, 이를 한 자로 표현한다면 마음심(心) 자라고 한다. 마음이 모든 것을 지어내니 매사가 마음먹기에 달렸다는 뜻이다. 그러니 매사를 긍정적인 시각으로 바라보고 좋은 쪽으로 결정하도록 하여라.

거실에 있는 서각 작품은 우리 서단의 중견 서예가인 유정 오석순(裕庭 吳錫順) 여사의 고희기념 전시회에서 사 온 대련 작품이다. 우리 집 가훈으로 남겨두려고. 그리고 거실에 걸려 있는 족자 작품은 내가 지은 시조 「유송 오덕가」를 특색 있게 쓴 작품이라 내가 사 온 것이고.

우리는 1963년 1월 3일 충무로에 있었던 아스토리아 호텔에서 고병국 학장님을 주례로 모시고 예식을 올렸다. 세월이 빨라 어느 결에 회혼의 날이 다가오는구나. 외아들을 면하자고, 3남 1녀를 낳고 탈 없이 살아왔으니 행복한 삶이었다고 생각한다.

4남매 서로 사랑하고 의좋게 협심하여 살아가기 바란다. 고르게 물려준 재산 축내지 않고 잘 관리하면 각자 노후생활은 평안할 것이다. 마음을 모아 우리 집안이 융성하며 이어가기를 바란다. 그러나 세월이 가면 생을 정리할 시간이 너무도 빨리 다가올 것이다. 그러니 정상적인 삶이라면 규성이만 남고, 모든 것이 규성에게 돌아가지 않겠느냐. 부디 너그러운 마음으로 지혜롭게 삭자 남은 삶의 설계를 하기 바란다.

자기가 할 수 있는 노력을 성실히 다하고 결과는 하늘(운명)에 맡기는 것이다. 진인사대천명(盡人事待天命)이라 했다.

(2022. 8. 7)

마음을 비우려

한중수교 30주년 기념식이 오늘 오후 7시, 서울 포시즌 호텔과 베이징 댜오위타이 17호각에서 동시에 시작된다는 뉴스가 나온다. 한중수교에 앞서 1979년 미중수교가 맺어져 냉전의 절벽이 무너졌다.

문득 40년 전의 일이 떠오르니 감회가 새롭다. 우리집 거실 벽에 걸려 있는 큰 그림을 다시 바라본다. 뉴욕 전시관에서 사 온 그림이다. 화가의 낙관 옆에 '一九八零年 十二月 六日 紐約中國展示館'이라고 쓰여 있으니 나는 한중수교를 하기 12년 전에 수교를 한 셈이다.

1971년 일본 나고야에서 열린 세계탁구선수권대회에 중국 대표단이 참가하자, 대회가 끝나고 71년 4월 중국은 그 대회에 참석한 미국 선수단 15명을 베이징으로 공식 초청했다. 이 친선경기를 계기로 냉전시대였지만 두 나라

사이에 수교의 물고가 트였다. 이른바 핑퐁외교다. 중국도 문화 교류의 일환으로 뉴욕에서 중국전을 열게 되었다. 마침 그때 나는 콜롬비아대학에 객원교수로 가 있었으므로 쉽게 전시관을 찾아갔다.

한국에서는 중견 화가의 그림은 호당 몇만 원씩 호가하는데, 중국의 대가가 그린 그림이 헐값에 팔리고 있으니 얼마나 좋은 기회인가. 제일 큰 전지 그림을 사니, 구겨지지 않게 돌돌 말아주려고 한다. 나는 코리안인데, 말지 말고 그대로 접어달라고 하니, 당신은 전문가라고 하며 좋아하던 장면이 생생하게 떠오른다.

그 그림은 굵은 대나무와 붉은 매화꽃을 피운 고목이 어우러진 걸작품이다. 나는 틈이 날 때면 그림을 바라보며 사색에 잠기곤 한다. 특히 옛 선비들이 사군자의 덕목을 마음에 새기며 그리기를 즐겼던 것이 이해가 된다.

사군자 송(頌)

오랜 풍상 견뎌내며 내공 쌓은 큰 둥치
서로 얽힌 잔가지들 꽃잎을 피워내니
눈 속에 시리다 한들 향을 팔 리 있으랴 (梅)

깊은 골짝 바위틈에 늘어진 푸른 잎들
파봉안(破鳳眼) 멋지거니 얽혀진 선비 기상
천만리 풍기는 향은 가실 줄을 몰라라 (蘭)

봄바람 푸른 염천 좋은 세월 다 보내고
된서리 낙엽 속에 피운 꽃 탐스러워
만고에 지조 굳기는 국화인가 하노라 (菊)

속 비워 가벼운 몸 비바람 걱정 없고
잔가지 날리는 잎 눈 속에 푸르거니
뉘라서 그 높은 기상 뭉갤 수가 있으랴 (竹)

세월이 갈수록 나는 대나무에 마음이 끌린다. 말로는 마음을 비워야 한다면서 실제로는 온갖 욕심을 털어내지 못하는 범부에 지나지 않으니 어쩌랴. 속을 비워서 몸이 유연해지고 폭풍에도 걱정을 안 하는 저 대나무의 덕목을 잊지 않으리라 다짐해 본다.

(2022. 8. 25)

4관왕의 수필가

내외 귀빈 여러분! 반갑습니다. 그리고 고맙습니다. 누구도 겪어 보지 못했던 코로나의 역경 속에서도 중단 없는 『수필문학』의 발전을 위해 애쓰시는 강병욱 이사장님을 비롯해 작품 심사를 맡아 애써주신 관계자 여러분에게 진심으로 존경과 감사의 뜻을 올립니다.

돌이켜보면 저는 한평생 법학 교수로 강단을 지켜오다, 2005년에야 『수필문학』 식구가 된 늦깎이 작가입니다. 2005년 7월호에 「금강산의 봄」으로, 8월호에 「독도의 존재」로 추천완료 등단을 했고, 며칠 후 시드니에서 열린 제2회 해외 심포지엄에 참석하러 강석호 회장님을 따라나섰습니다. 시드니수필문학회의 문우들과 함께 모인 자리에서, 나는 최근에 등단했고, 최단기로 천료를 했으며, 최고령(73세)의 신인이란 점에서 '3관왕의 수필가'라고 자기 소개를 했었습니다.

오늘도 수필문학상을 받는 이 영광스러운 자리에 9순이 지난 최고령의 수상자로 나와 섰으니, 돌아가신 강석호 회장님의 영전에 “저는 드디어 ‘4관왕의 수필가’가 되었습니다.”라고 보고를 드리며 자랑하고 싶습니다.

그러나 제가 받는 이 귀한 상은 한껏 자랑이나 하라고 주는 것이 아니라, 100세 시대에 걸맞게 더욱 분발하여 한국 수필문단에 큰 발자취를 남기라는 ‘격려와 사랑의 채찍’으로 생각됩니다. 심기일전, 초심으로 돌아가서 기억에 남는 수필을 쓰려고 온 힘을 기울이자고 스스로 다짐을 하면서 감사의 인사 말씀에 대신하겠습니다. 대단히 고맙습니다.

세월의 무게 앞에

나는 한평생 어지간히 산을 즐긴 셈이다. 1960년대이었으니 그때는 산을 타는 사람은 드물었다. 대학원을 나오자 30대 초반에 운 좋게 이화여자대학교 전임강사 발령을 받았다. 젊은 교수란 이유로 등산부 모임의 지도교수를 떠맡게 되어 산을 오르기 시작했다. 그 덕에 등산의 맛을 알게 되고, 국내의 산들을 두루 찾아다녔다.

정년퇴직을 하자 일본 대학에서 10년의 교수 생활을 하는 바람에 해외로 눈을 돌렸다. 방학 때만 집중강의를 하니, 학기 중에는 해외여행을 마음껏 즐길 수 있었고, 오지나 험로를 즐겨 찾아다녔다.

고희 기념으로 나섰던 백두산 등정을 잊을 수가 없다. 백두산의 관문 이도백하(二道白河)에서 자고 아침 일찍부터 서둘렀다. 까마득한 돌계단을 올라 천지를 보고, 이어서 외륜봉을 종주하게 된다.

조·중국경표지석으로부터 청석봉을 돌아 백운봉, 녹명봉, 차일봉을 거쳐 소천지(小天池) 옆으로 내려오는 장장 12시간의 산행이다. 얼마나 지쳤던지 저녁도 못 먹었던 기억이 새롭다.

산행에서 과욕은 금물이란 교훈을 얻었지만 또 한 번의 실수를 떠올리지 않을 수 없다. '이철구여행'의 메일을 열어보다 수령 7,200년의 조몬스기(繩文杉)를 만나 본다는 바람에 '팔순기념산행'이란 명분을 부쳐 따라나섰다.

장수(長壽)의 신목(神木)이라고 하는 그 나무는 일본 가고시마현의 남쪽 야쿠시마(屋久島)에 있다. 새벽 5시에 출발하여 해발 1,400미터의 산꼭대기까지 왕복 20여 킬로의 무리한 도전이었으니 지금 생각하면 꿈만 같은 추억이다.

며칠 전에 제주도 관광을 가자는 '이철구여행'의 메일이 또 날아들었다. 그러나 이제는 자숙해야 하겠기에 아쉽지만 포기하기로 했다. 미수를 넘기면서 체력이 현저하게 떨어졌으니 세월 앞에 장사 없다고 했던가. 코로나 역병 때문에 갈 곳을 갈 수도 없지만, 이제는 다리에 힘이 빠져 멀리 걷지를 못하니 어쩌랴.

몇 해 전에 제주도로 가족 나들이를 갔을 때 '곶자왈' 숲에서 칡덩굴과 등나무가 엉겨서 올라간 것을 보고 지은 시조나 되새겨보며, 지난날의 추억으로 대신하기로 하자.

다른 나무 타고 올라 햇볕 맞는 갈(葛)과 등(藤)
우파 같은 오른돌이 좌파 등은 왼돌이
서로가 배려를 해야 갈등도 해소하리

–「칡덩굴과 등나무」

쇼핑 난민

코로나로 왕래를 못 하다가 오래간만에 금성사를 들렀다. 여주시 연라리에 있는 유일한 잡화 상점이다. 움직이기도 조심스러울 정도로 많은 상품이 가득 찬 가게였는데 실내가 넓어진 느낌이다. 사연인즉 점포를 정리하고 있다지 않은가. 동리에 젊은 애들이 없어서 장사가 안 되기도 하고, 며느리가 딸 쌍둥이를 낳아서 아기 돌보기에 정신이 없다고 한다.

문득 일본에서 '쇼핑난민'이 생겼다는 뉴스가 떠오른다. 시골 농촌에는 인구가 줄어 빈집이 생기고 상점들도 폐업을 하는 상황이다. 빈집도 생기고 상점도 없어지니 주민들이 생활용품을 구하기가 어렵게 되었다. 그래서 어려움에 처한 난민을 도우려고 등장한 것이 이동하는 상점이다. 짐차에 생활용품을 차려놓은 상점이 주민을 찾아다니며 물건을 파는 수밖에 도리가 없다. 결코 남의 일이 아니다. 일본에서 벌어지는 일은 곧 우리나라에 옮겨오니 말이다.

우리나라도 시골에 가면 빈집이 늘어나고, 학생이 없어서 폐교가 생긴다. 1인 입학 1인 졸업의 뉴스가 뜨기도 하니 서글프고 걱정스럽다. 서울에서조차 광진구에서 화양초등학교가 폐교가 되었고, 올해 초등교사 임용시험 합격자 114명은 전원이 발령을 받지 못하고 대기 상태라고 하니 심각한 문제가 아닌가.

쇼핑난민에 더해서 교육난민까지 생겨 '이동학교'에 '출장지도 선생'까지 생기는 진풍경이 닥쳐올 것인가. 노령인구는 늘어나는데 젊은 사람의 수는 줄어드니 몇십 년 후에는 나라가 어찌되겠는가.

인구는 곧 국력이다. 남녀 두 사람이 두 자녀를 낳아도 국력의 유지는 어렵기 마련인데, 근래에 와서는 젊은이들이 결혼을 안 하고 나 홀로 살기를 즐기니 어찌하랴. 5, 60년 전만 해도 먹고살기가 어려워 '아들 딸 구별 말고 하나만 낳자'고 외쳤었는데, 경제가 급속히 발전하고 가족 개념이 희박해지니 젊은이들이 홀로살기를 즐기지 않는가. 결혼은 필수가 아니라 선택이라나?

나는 6남매의 외아들로 자라나 귀여움을 독차지했지만, 형제가 없어 외롭기도 했다. 그래서 될수록 많이 낳자고 한 것이 3남 1녀를 거느리게 되었다. 그래도 장남은 딸만 둘, 두 아들딸은 60을 바라보는데 독신 생활이고, 막내아들이 겨우 아들 하나를 낳아 놓고 교육비 걱정을 한다.

사교육비가 많이 들고 경쟁이 치열하니 경제문제가 결혼문제로 연관되어 제약이 되는 것도 현실이다. 정부가 저출산 대책으로 출산장려금이나 교육비 지원 등 돈을 쏟아붓는다 해도 그것만으로 쉽게 해결될 수는 없을 것이다. 그렇다고 지금의 현상을 내버려둘 수도 없지 않은가. 국가가 좀 더 광범하게 대비책을 강구하는 일이 시급하다고 생각된다.

(2023. 3. 14)

아름다운 착각

예상외로 코로나가 오랫동안 우리들의 일상생활을 가둬 놓았다. 최근에 와서 거리두기를 조금 완화하는 바람에 수필문학추천작가회에서도 정기총회를 하기로 한 모양이다. 답답하던 터에 총회소집통지서를 받자 즉시 참석 통보를 보냈다. 21년도 연간사화집 『아름다운 반칙』의 출판 기념까지 겸한다니 지팡이를 짚는 처지이지만 안 갈 수가 없다.

문제는 근래에 와서 다리가 무거워 지팡이 없이는 움직이기가 어렵다는 것뿐만 아니라 깜박깜박 잊어버리기를 잘하고 기억을 해도 잘못 착각을 하게 되니 어쩌랴.

이날도 실수를 해서는 안 되겠다고 아침부터 서둘러 집을 나섰다. 오전 11시로 알고 30분 일찍 갈 셈이었는데, 회의장에 도착해보니 큰 화환만 세워져 있고, 회의장 철문마저도 굳게 닫혀있다. 이상해서 관리인에게 물어보니, 오후 2시라 하지 않는가. 아차! 또 착각을 했구나.

이번 주에는 중요한 모임이 연속되어 있어 기억하기가 쉬웠다. 첫째 날(금요일)은 오전 11시에 시대시 모임이 있고, 둘째 날(토요일)에는 오후 2시에 정기총회가 열리기 때문이다. 그런데, 첫째 날 11시 모임이 갑자기 취소되었다. 그 바람에 둘째 날 정기총회가 실제로는 첫째 날 행사가 된 셈인데, 이 바보가 토요일을 첫째 날로 생각하고 11시를 여기에다 붙이고 말았다. 한심스럽게도 위대한 착각을 하고 말았으니, 이것도 '아름다운 착각'으로 돌리고 자위하는 수밖에!

3시간의 공백을 메울 길이 없다. 멀리 걸을 수가 없는 처지니 도리 없이 택시를 잡아타고 종로경찰서 앞에서 내렸다. 3호선 전철을 타고 양재역으로 가 스포타임에서 목욕을 하고, 점심도 먹고, 다시 돌아오면 딱 맞는 시간이다.

총회가 끝나자 강병욱 이사장의 배려로 옆 건물 지하에서 저녁 회식을 하게 되었다. 오경자 회장이 누군가에게 나의 안내를 부탁한다. 또 폐를 끼치게 되었으니 어쩌랴. 오른손으로 지팡이를 짚고 더듬거리는데, 고맙게도 얼굴도 이름두 모르는 여성 문우가 왼손을 잡아준다. 문득 30여 년 전의 광경이 뇌리를 스쳐갔다.

미수를 바라보시는 해암 문홍주 선생님의 근황이 궁금하여 찾아뵈었을 때였다. 공교롭게 나의 호도 해암이지만, 그 해암과 이

해암은 결코 비교할 바가 아니다. 장관에 두 대학의 총장까지 역임하셨고 대한민국학술원 회원에 재복까지 있으시며, 제자들을 불러 모아 두주(斗酒)를 불사하고 즐기시는 건강을 타고나셨으니, 후학들이 존경하고 부러워하는 우상이 아닐 수 없다. 매일 새벽 두세 시간의 산책을 하신다고 들었는데, 최근에는 새벽 산책은 못 하시고 점심에도 그 좋아하시던 양주 대신 순한 '서울막걸리'를 두어 잔 반주로 하신다.

자리를 옮길 때는 오른손에는 지팡이를 잡고, 왼쪽 팔은 젊고 예쁜 아가씨가 상냥하게 미소 지으며 부축을 해 준다. 그림자같이 따라 붙어서 일거일동을 보살피며 오만가지 다 챙겨주니 안전사고의 위험은 상상도 할 수 없지 않은가.

내가 낯설어하니 빙긋이 웃으시며 소개를 하신다. "내 스틱이야"라고. (「미소 짓는 스틱」, 졸저 『원숭이 목각』 91쪽)

나는 『아름다운 반칙』 때문에 '아름다운 착각'을 했고, 아름다운 착각 때문에 '아름다운 추억'을 남기게 되었다. 오늘은 축복받은 날이구나 생각하니 돌아오는 발걸음은 한결 가벼웠다.

고대하던 모임인데 시간을 착각하니
한심한 나그네 그 누구를 탓하랴만
덕분에 즐거운 추억 오래오래 남기리

– 「아름다운 착각」

(2022. 4. 23)

우연한 만남

- 행운의 200불

뉴욕의 콜롬비아대학에서 1년의 객원교수 생활을 마치고 8월 말까지는 귀국을 해야 할 형편이었다. 이제 돌아가면 언제 또 외국엘 나올 수 있겠나 싶어 1981년 5월에 유럽 10개국을 일주하는 런던의 '코스모스' 관광단에 한국인으로는 나 홀로 끼어들었다.

벨지움의 어느 호텔이었다. 각자 아침 식사로 빵 한쪽을 얻어먹고 출발 시간에 맞춰 버스에 올라타야 한다. 눈을 비비며 황급히 식당에 들어서니 창가의 식탁에서 낯선 한 신사가 손짓을 한다. 내가 일본 사람인 줄 알고 빈가워 불렀던 것이다.

그는 영어는 한마디도 못하고 나는 일본말이 서투르니 답답한 노릇이다. 명함을 서로 교환했다. 아오모리에 사는 모리 리끼조(盛力三), 나보다 아홉 살 위의 기업체 회장이다. 3개월 후에는 한국에 돌아가니, 혹 서울에 들르거든 전화를 달라고 하며 작별인사를 했다.

"잠깐만, 객지에서 고생하는데 이거 여비에 보태 써요." 100불짜리 달러가 가득 들은 지갑을 열더니 두 장을 꺼내 주는 게 아닌가. 정부가 송금해 주는 1천 불로 한 달 생활을 꾸려가는 처지에 이 거금을 쥐여주다니, 참으로 당혹스러웠다.

순간 머릿속에 떠오르는 한마디, '외국에서 이유 없는 호의를 베푸는 사람을 만나면 주의를 하라.' 그 당시는 출국하는 여행자는 중앙정보부에서 소양교육을 받아야 했다. 간첩의 접선을 염려해서. 순간적이나마 망설이다가 설마 하고 받았다. 아무리 상황분석을 해 보아도 그가 공작원은 아니다.

뉴욕에 돌아와서도 쉽게 잊히지 않는다. 길에서 주운 횡재도 아니고, 그런 고마운 일이 어떻게…. 좋다고 그냥 써 버리는 것은 인간의 도리가 아닌 성싶었다. 보답을 하자. 서투른 글씨로 처음 써 본 일본어 편지다. 돌아갈 때가 되어서 내게 남은 것은 이것밖에 없다며, 일화 인삼차 한 봉지와 내가 쓴 『상법예해(상)』 한 권을 우송했다.

3년이 지난 어느 날 조선호텔에서 전화가 왔다. '모리'란 사람이 나를 찾는다고. 모시고 나와 강남에서 이름난 '삼원가든'으로 갔다. 일본 사람들이 좋아하는 불고기로 대접을 했다. 도곡동 개나리아파트가 가까우니 차는 우리 집에 가서 마시자고 제의를 했다.

거실에 진열해 놓은 여러 점의 도자기를 보여줬다. 괴산도요에서 황규동 옹이 재생한 이조백자라고 설명을 하다 보니 문득 떠올랐다. 기념으로 한 점 선물을 하자고. 기왕 선물할 바에는 마음에 드는 것을 골라 가지라고 제안했다.

설마 제일 크고 잘생긴 달항아리를 고를 줄이야…. 아깝지만 꼼짝 못하고 싸 드렸다. 공항까지 전송을 하고 생각하니 너무 과한 보답을 했다는 느낌마저 들었다. 200불을 받아쓴 죄로 그 몇 배의 손해를 본 셈이다. 그래도 나는 한국을 알리는 민간대사라 자처하니, 모리 회장을 놀라게 한 것이 한편 흐뭇하기도 했다.

그 후 또 2년이 흘렀다. 1987년 7월 도쿄대학에서 열리는 제2회 한일법학연구집회에 '한국의 개정상법'을 발표하러 참석하게 되었다. 아오모리 촌구석의 영감이니 점심 한 끼 얻어먹기도 틀렸구나 생각하며, 혹시 사업상 동경에 올 수도 있지 않을까 하는 요행을 기대하며 편지를 띄워보았다. 즉시 회답이 날아왔다. 나를 깜짝 놀라게 하는 내용이다. 학회가 끝난 후 시간만 내어준다면, 아오모리로 초대하고 북해도 관광까지 시켜주겠노라고, 여비는 일체 자기가 부담하겠으니 걱정하지 말라고.

편지를 보이며 귀국 일정이 며칠 더 늦어질 것 같다고 하니, 집사람이 펄쩍 뛴다. 자기도 따라가겠다고. 돈이 한두 푼 드는 것이 아닌데 초청자의 승낙도 없이….

하는 수 없이 아내의 무례를 용서해달라고 편지를 발송하고 출국을 했다. 집사람은 200만 원을 일 년간 외환은행에 예치해 놓고 여권을 발급받았다.

학회가 끝나는 날 도쿄에서 세 사람이 만났다. 엔고(円高)가 심했던 그때 우리 내외는 호화판 북해도 관광길에 올랐다. 아오모리현의 시골 기쓰꾸리마찌(木造町)부터 들렀다. 귀빈이 왔다고 이웃사람들을 불러 잔치판을 벌였다. 마음대로 골라 가지라는 말에 감동을 받았다며 달항아리의 사연을 손님들에게 실토하는 바람에 퍽 쑥스러웠던 기억을 잊을 수가 없다.

자기의 농장, 아오모리의 명승지를 안내하고, 마지막으로 타보게 된다는 연락선으로 쓰가루 해협을 건넜다. 노보리베츠(登別)의 온천장으로, 이국적인 삿포로(札幌) 거리의 관광을 마음껏 즐겼다.

'내가 질쏘냐' 하고 모리 내외를 서울로 초청하기로 했다. 88올림픽에 초대하겠노라 약속을 했다. 그런데 내 재주로는 올림픽 개막식이나 폐회식의 표를 구할 수가 없고, 서울 시내의 호텔이나 장급 여관까지도 올림픽조직위원회에서 독점한 형편이라 도리 없이 부도를 내고 말았다. 그다음 해에 초청해 설악산 관광으로 대신했다. 강릉 지청에 근무하던 김필규 검사에게 안내의 도움을 청했다.

현직 검사가 직접 속초비행장에 영접을 나와 대명콘도까지 잡아주었다. 이튿날 새벽 백담사까지 동행해 주고, 출근 후에는 군청에 부탁해 통일전망대며 김일성별장까지 편히 관광을 하도록 주선해 주었다. 일본에서는 상상도 할 수 없는 극진한 대접이다.

모리 회장 내외도 흡족해했다. 올림픽 구경보다 훨씬 감동적이었노라고 치사를 아끼지 않았다. 북해도 관광의 빚을 조금은 갚은 셈이 됐다.

그 후 1992년에도 조선대학교의 양 교수를 데리고 다시 아오모리에 들러 북해도 관광을 했다. 이번에는 유서 깊은 오타루(小樽)까지 구경을 시켜주셨는데, 헤어질 때는 수산 시장에서 큰 연어까지 사서 안겨주셨던 자상한 분이다.

어디 그뿐인가. 딸 수정과 그 친구까지 왕복 항공권을 보내주어 삿포로 눈축제를 구경시켜 주셨고, 내가 IMF를 당해 어려울 때는 많은 경제적 도움까지 주셨던 고마운 분이다.

모리 회장과의 우연한 만남이 계기가 되어 수없이 오가며 편지를 쓰다 보니, 처음에는 힘들었지만 자연스럽게 일본말이 늘었고, 결과적으로 일본의 대학 교수들과도 쉽게 친해질 수 있었다. 그 덕에 정년을 하자마자 나고야경제대학의 교수로 취직까지 하여 내 이모작 인생이 화려하게 전개되기도 했다.

"이것이 다 모리 회장님 덕분입니다." "아니야. 내가 많은 한국인을 만났지만, 모두 일본말을 잘하게 되고, 일본의 교수까지 된 것은 아니잖아." 그렇게 겸손해하시던 그분의 걸걸한 음성을 이제는 들을 길이 없으니…. 참으로 아쉽다.

장닭 오덕

날씨가 제법 차졌다. 새해 들어 서울대 법과대학 동창회 신년인사회의 초청장을 받고 참석하기로 예약을 했으니 털모자에 마스크까지 완전무장을 하고 더 플라자호텔로 향했다. 그랜드볼룸으로 들어서니 반백의 동문들이 가득하다. 내가 11회인데 닭의 해를 일곱 번째 맞이했으니 이제 이런 공식적인 자리를 비울 때도 되지 않았나싶어 내 딴은 이번이 마지막 자리가 될 것이라 생각했다. 그런데 깜짝 놀랐다. 제2회의 대선배인 김춘봉(金春鳳) 변호사의 정정한 모습이 보이지 않는가. 그분을 보니 나의 소극적인 생각이 부끄럽기 그지없다.

몇십 년 만의 만남이다. 지난날의 추억이 떠오른다. 해외여행이 극히 어려웠던 1970년대에 한국법학원이 미국법조계 시찰단 파견을 계속사업으로 추진했었다. 1978년

8월에 제6차로 11명의 시찰단이 떠났는데, 그 일원으로 김 선배도 함께 참가했다.

달라스에서 어느 여교사의 초청으로 그 가정을 방문했다. 한국에서는 왜 야간통행금지를 실시하느냐고 묻던 생각이 난다. 아마도 지금 다시 가면, 한밤중에 청와대 100미터 앞까지 군중이 몰려가 촛불의 광란을 벌여도 괜찮으냐고 물을 것 같다. 세상이 변하고 변해 이제는 어둠의 장막이 어른거리니 또다시 야간통행금지라도 필요하지나 않을는지 걱정스럽기만 하다.

올해는 빨간색을 뜻하는 정(丁)과 닭을 뜻하는 유(酉)가 합친 '붉은 닭'의 해란다. 예로부터 닭은 어둠에 광명을 불러오고, 행운을 가져오는 동물로 전해왔다. 우리의 선현들은 닭의 모습과 속성에서 오덕(五德)을 내세웠다. 머리 위의 볏은 문(文)을, 네 개의 발가락은 무(武)를 상징하고, 끈질긴 싸움 근성을 용(勇)으로, 병아리들에게 먹이를 함께 먹인다 하여 그 어진 성품을 인(仁)으로, 하루도 어김없이 시간을 알려주니 그 믿음(信)을 높이 샀다.

닭띠가 닭의 해를 맞았으니 그 덕을 칭송하는 노래라도 지어보련다.

긴 세월 참고 견뎌 수만 리 올라온 닭
머리에 얹은 관은 꽃인 양 붉게 피어
관모 쓴 선비의 모습 너뿐인가 하노라 (문)

네 줄기 발가락은 사방으로 뻗쳤고
뾰족한 발톱들은 창인 듯 날카로워
한 발 든 장수의 기상 거칠 것이 없어라 (무)

덩치 작아 날렵하고 눈빛도 초롱초롱
한 판 붙은 싸움판에 물러설 줄 모르니
그 용맹 사방에 떨쳐 그 누가 넘볼 손가 (용)

약육강식 들판에 탐욕이야 끝없건만
먹이 보고 모두 불러 함께 먹는 마음씨
그 도량 크고 넓으니 어질기 그지없네 (인)

어둠 싸인 밤하늘로 먼동도 트기 전에
활개 치며 목청 돋워 새벽을 깨우나니
그 믿음 어김이 없어 새 희망이 넘치네 (신)

더 나아가서 정유년에는 온 겨레가 닭의 오덕을 거울삼아 몰아닥친 난국을 극복하고, 번영의 시대를 앞당기는 희망의 해를 열어보자고 다짐하며 간절한 기원을 해 본다.

팔월의 격랑

나는 팔월을 생각하면 가슴이 끓어오른다. 삼복의 열기도 몸과 마음을 달구긴 한다. 그러나 희망에 찬 정부 수립을 기리는 광복절이 팔월의 한가운데 자리를 차지하고 있으니 세월이 갈수록 감사와 감격의 격랑을 주체할 수가 없다.

엄밀히 따지자면 대한제국의 외교권이 박탈당하고, 통감정치가 감행된 을사늑약이 체결된 1905년부터 나라의 운명이 기울었다. 일본의 40년 속박에서 벗어나 새 나라의 광명을 되찾은 것은 1947년의 8월 15일이고, 광복절을 국경일로 정한 것은 1948년이다. 그러나 해방이란 역사적 격랑을 체험한 것은 1945년의 8월이 아닌가. 해방이란 참뜻도 잘 모르고 군중의 물결에 휩쓸려 만세를 외쳤던 그 소년의 모습이 세월이 흐른다고 어찌 추억 속에서 지워질 수 있겠는가.

내가 초등학교 5학년 때다. 신문도 TV도 없고, 학교 가면 담임선생님의 말씀이 유일한 뉴스이었으니…. 그런데 방학 중이라 선생님도 못 만났지만 웅성대는 사람들로부터 일본이 망했다는 소식을 들었으니 얼마나 큰 충격이었을까. 그때만 해도 나는 일본이 패망하리라고는 꿈에도 생각지 못했다. 진주만을 기습 공격하면서 시작된 일본군의 전세는 처음에는 대단했다. 동남아를 휩쓸고 전승 기념으로 고무공을 학생들에게 나눠주기도 했다. 짚을 둥글게 묶어서 공이라고 차면서 축구시합을 하던 시골 어린이들에게는 일본의 패망은 마른하늘에 날벼락이 아닌가. 히로시마와 나가사키에 원자폭탄이 투하되자, 무소불위 살아있는 신으로 추앙받던 일본 천황폐하도 무조건 항복을 하는 수밖에….

이제는 일본말 대신 우리말(조선어)을 마음 놓고 해도 좋다. 고사리손으로 모심기에 동원될 일도 없고, 관솔옹이를 따러 산에 갈 일도 없어진 게 무엇보다 기뻤다. 쌀 공출도 볏짚으로 가마니 짜기도 면했으니 태평성대가 하루아침에 찾아온 듯싶었다. 세상을 모르는 우물 안 개구리에게 광복의 기쁨은 곧 천지개벽 같은 충격이었다.

이 잊을 수 없는 축복이 우연히 하늘에서 떨어진 것은 아니다. 삼일운동을 비롯해서 상해 임시정부의 저항, 미국 각지에서의 활약, 목숨을 내던진 이준 유관순 윤봉길 안중근 등 헤아릴 수 없이 많은 애국지사들의 피땀이 엉겨 이뤄진 광명이다. 광복절에 우리 가슴이 끓어오르는 것은 당연한 순리다.

그러나 올해도 광복절은 돌아오는데 걱정이 앞서기도 하니 어쩌랴. 작년에는 광화문 광장에서 대한민국 만세를 절규하며, 문재인 정권의 퇴진까지 외치는 과격 시위가 물의를 일으키지 않았던가. 코로나의 확산이 집회와 시위의 자유를 차단하는데 기여했다. 무장 경찰의 방어벽보다도 큰 역할을 한 셈이렷다. 그 무서운 코로나 역병의 확산세가 올 8월에도 수그러들 기미가 안 보이니 어쩌랴. 백신의 확보를 장담했지만 K방역의 성과는 당국만의 자랑거리가 아닌가. 답답하고 서글프다.

고르게 기회 주고 과정도 공정하며
결과마저 의로운 태평성대 바랐거니
언행이 서로 다르면 믿을 수가 없어라

내가 하면 로맨스 네가 하면 불륜이라
나 따라 너도 하면 견뎌내기 힘들거니
세상이 망가져 가면 이 노릇을 어쩌랴

–「바보들의 탄식」

우리가 살아날 길은 당국의 지침 따라 하루라도 빨리 백신 맞고 협력해서 코로나의 공포에서 벗어나는 것이다. 지혜롭게 역경을 견뎌내며 밝은 내일을 향해 전진하면 닥쳐오는 격랑을 반드시 극복하리라. 트로트에 정신 팔고 현금 지원에 매달려 탄식만 을 할 때가 아니다. 문득 솔로몬의 명언이 떠오른다. "이 또한 지나가리니."

독립운동가 정인보 선생이 작사한 「광복의 노래」를 다 함께 불러보자. "… 세계의 보람될 거룩한 빛 예서 나리니 힘써 힘써 나가세 힘써 힘써 나가세"

화려한 족자

나는 송천서실에 나가 서예 공부를 한 적이 있다. 사정이 여의치 못해 중도하차를 하고 말았다. 그러나 서예의 꿈은 버리지 못하고, 서실 회원들과의 정을 잊을 수 없어 송천산악회에는 따라다녔다. 산행에 갈 때마다 희생적으로 봉사하는 유정 총무에 대한 고마움을 느끼고 사뿐사뿐 발을 옮겨가는 그녀의 매력에 마음이 끌려들었다. 그래서 유정 오덕가(五德歌)를 지어보았다. 다만 시조집에 발표할 때는 「유송 오덕가」로 올리기로 밀약을 했다.

서곡

작은 몸매 부담 없고 마음 씀이 넉넉해
모여드는 무리들을 즐겁게 뫼시거니
뉘라서 그 마음씨를 따를 수가 있으랴

1. 눈 (안목)
부드러운 눈매에 눈망울은 초롱초롱
예쁜 것 골라내고 깊은 속내 잘도 찾아
그 눈빛 하도 밝아서 내 가슴을 달구네

2. 코 (음성)
콧등은 오뚝하고 콧소리 낭랑하여
토해내는 말마다 귓전을 간질이니
누군들 그 소리 듣고 마음 열지 않으랴

3. 입 (말솜씨)
방긋 웃는 입가에 재치 있는 말솜씨
어진 심성 풀어내 듣는 이 기껍거니
무리들 모두 받들어 즐겁게 잘 따르네

4. 손 (재능)
손바닥 따스하나 손끝은 매섭거니
그림은 살아 있고 글씨마저 묵직해
사임당 되살아 왔나 그 솜씨 놀라워라

5. 발 (걸음걸이)
작은 발 사뿐사뿐 올곧게 내어 딛고
몸놀림도 반듯해 오름길도 거침없어
발걸음 뒤따르려니 내 몸마저 가볍네

드디어 경자년이 돌아왔다. 코로나 역병으로 봄꽃은 피었어도 신록의 싱그러움도 날려버렸다. 하필이면 유정 작가는 6월에 고희전을 열어야 했으니 안쓰럽기마저 했다.

"손님을 초청해서 축하를 받고 덕담을 나누며 함께 즐기는 잔치도 못 열게 되었으니 본인의 심정은 어떠했을까. 초대장을 받고, 나는 축하 화분 대신 축시를 지어 부채에다 서투른 글씨로 옮겨 작품화해 드리기로 했다.

경자년 신록 맞아 일궈낸 서화 잔치
한 획 한 획 몸담아 쌓아 올린 사반세기
그 열정 날로 들끓어 더 큰 잔치 차리리

재치와 열정으로 익혀온 오체 글씨
고운 마음 매운 솜씨 선비화 곁들이니
꽃동산 하도 황홀해 내 마음도 달뜨네

－「화려한 꽃동산」

인사동의 한국미술관 2층에 발을 들여놓는 순간 깜짝 놀랐다. 그 넓은 전시장의 벽면을 가득 채운 작품들에 입이 벌어진다. 능숙한 오체의 서예작품에 화려한 그림 솜씨로 마음껏 멋을 부리지 않았는가.

고맙게도 내 시조집에 실린 「유송 오덕가」를 예술적으로 작품

화했다. 내가 소원하는 海巖文學館(해암문학관)이 지어진다면 제일 좋은 자리에 걸어 놓고 싶은 욕심이 생긴다. 이 작품과 함께 대련으로 걸려 있는 작품, '一切唯心造, 家和萬事成'을 골라 내가 들여오기로 미리 찍어놓았다."(『나그네의 가을걷이』 중에서)

「유송 五德歌(오덕가)」는 붉은색 비단의 족자 작품인데, 중앙에 붉은 글씨로 제목을 써넣고 그 주위에 시를 가득히 배열한 독창적인 작품이다. 지금은 거실 벽에 걸어놓고 수시로 감상을 하지만 해암문학관이 지어지면 전시실의 정면에 옮겨 달을 생각이다.

家和萬事成(가화만사성)은 내가 집안에서 항상 강조하는 문구다. 집안이 화목하지 않으면 무슨 일이고 성공할 수 없고 번영할 수 없을 것이니, 우리 4남매들은 욕심을 버리고 의좋게 서로 사랑하며 살아 달라는 요망이요 무언의 교시(教示)이다. 굳이 이름을 붙인다면 가훈이라 해도 좋다.

一切唯心造(일체유심조)는 모든 것이 마음먹기에 달렸다는 뜻이다. 그러니 매사를 긍정적으로 생각하고, 비관적으로 바라보지 말라는 뜻이다. 시각의 차이에 따라 엄청난 성과의 차이를 가져오기 때문이다.

(2022. 7. 18)

흐르는 물같이

그 누가 춘래불사춘(春來不似春)이라 했던가. 잔인한 사월이었다. 화사한 봄꽃은 만발했건만 '집콕' 신세가 되어 답답한 나날을 보내야 했으니, 그 누구도 처음 겪는 시련을 감내하기가 힘겨웠다. 예측을 할 수 없는 코로나19의 재난 속에서 나라의 운명이 걸려 있는 4·15 선거까지 치러야 했다. 막말과 실언 속에 희비가 엇갈리는 투표 결과를 보면서, 6·25 전화 속에서 나라를 지키고 기적 같은 오늘의 풍요를 일궈낸 70년간의 근대사를 되돌아보자니 문뜩 상선약수(上善若水) 네 글자가 떠오른다.

고대 중국의 위대한 철학자 노자의 도덕경에서 나오는 말이다. 최상의 선은 물과 같다고 했다. 본래 도덕경은 제왕학으로 출발하여 통치의 요결(要訣)을 제시한 것이니, 오늘의 위정자들은 물론 귀담아 들어야 할 것이고, 모두가 그 제안을 겸허히 되새겨 보아야 할 것이다.

노자는 물의 덕목으로, 바위도 뚫는 물방울의 끈기와 인내(忍耐), 흐르고 흘러 바다를 이루는 대의(大義), 어떤 그릇에나 담기는 융통성(融通性), 구정물도 받아주는 포용력(包容力), 막히면 돌아갈 줄 아는 지혜(智慧), 낮은 곳을 찾아 흐르는 겸손(謙遜) 여섯 개를 들었다.

나도 해암의 유수육덕가(流水六德歌)를 지어본다.

1곡 서곡
온갖 잡것 고루 품고 구정물 걸러내어
산 것에 생기 주고 거친 돌 다듬으며
낮은 곳 찾아 흐르니 큰 물골 이루누나

2곡 인내(忍耐)
가녀린 모습으로 몸 던지는 물방울
말 잃고 힘들어도 바위를 뚫는구나
참으며 멈춤 없으니 못할 바가 없어라

3곡 대의(大義)
방울방울 모인 물 골짝으로 흘러들고
물줄기 가늘어도 뭉치고 모아놓아
깊은 뜻 변함이 없어 큰 바다 이루누나

4곡 융통성(融通性)

고여서 넘쳐나도 그 마음 부드러워
네모진 상자이건 둥그런 항아리든
어디고 내 집 같으니 머물 곳 걱정 없네

5곡 포용력(包容力)
옹달샘 맑은 물도 가는 길은 험난하니
흙탕물을 만나도 꺼림 없이 섞어가며
온갖 것 고루 품어서 분별할 줄 몰라라

6곡 지혜(智慧)
벽 만나면 넘치고 막는 바위 멀리 돌며
틈새 찾아 빠져가니 겨룸 없이 흐르지
힘으로 막으려 해도 피해가는 그 슬기

7곡 겸손(謙遜)
하늘 높이 노닐다가 땅으로 내려서고
높은 산 깊은 골짝 몸 낮춰 흐르거니
만물을 이롭게 한 공 다툴 줄을 몰라라

여섯 개의 덕목에서 어느 것 하나 소홀히 할 수 있을까만은, 그래도 겸손이란 덕목이 더 마음에 와닿는다.

물은 오만할 줄 모르고 항상 몸을 낮춰 험로라도 낮은 곳으로 흘러간다. 뿐만 아니라 세상의 모든 생물에게 생기를 주고 이롭게 하지만 결코 그 공을 가지고 다투지를 않는다. 수선리만물이 부쟁(水善利萬物而不爭)이라 했다.

흐르는 물같이 살라 했으니 마음은 옳다고 쉽게 받아들이나 몸이 그것을 실행하기는 참으로 어렵지 않은가. 내가 숨차게 달려온 굴곡의 길을 회상해보면 참으로 부끄럽기 이를 데 없다. 나는 겸손하지 못하고 남의 불손은 탓하려 드니 참으로 허약한 존재로다. 흐르는 물같이 살아가려고 하련만.

(2020. 7.)

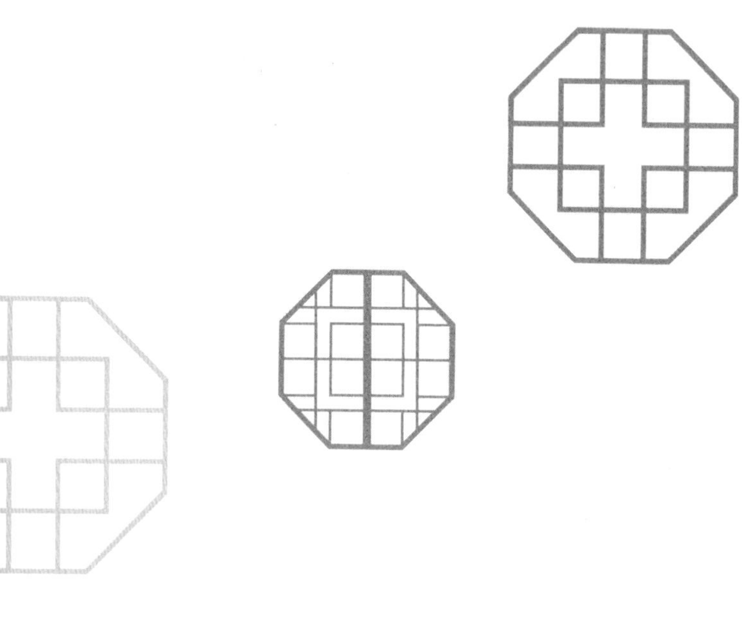

4

우리의 소원

가슴 아픈 흔적들

기다리던 전적지 순례 행사의 날이다. 연락을 받자 일찌감치 참석 통보를 했다. 목적지가 오산이라고 해서 의아스럽기도 했으나 나의 무식함이 곧 드러났으니 부끄럽기도 했다.

오산 죽미령평화공원이 첫 방문지다. 넓은 부지에 '스미스평화관'이 위용을 자랑하고 있다. 스미스(Smith) 부대는 UN군의 특수부대다. 적진에 투하하여 진지를 구축하고 적군을 섬멸하는 등 용감하기로 이름난 특수요원들이라 한다. 6·25한국전쟁에서 가장 치열한 전투를 들라면 스미스부대의 오산 전투와 백선엽 장군의 다부동 전투라고 생각된다.

김일성이 치밀한 계획하에 성능 좋은 소련제 탱크를 앞세워 일요일 미명에 쳐내려왔으니 3일 만에 서울이 함락

되고 남침이 계속될 때다. 고맙게도 UN의 신속한 조치로 스미스부대가 1950년 7월 5일에 지상군으로는 처음 투입되어 일시 공산군의 남진이 저지되었다. 그러나 중과부적으로 결국 포위되어 스미스부대는 패배하고 많은 희생자를 내고 말았다. 대구와 부산만 남은 불리한 상황에서 다부동 전투로 전열을 정비할 시간을 벌었으며, 맥아더 장군의 기습적인 인천상륙작전이 성공하여 서울을 수복할 수 있었다.

스미스부대의 오산 전투를 기리기 위해 죽미령평화공원에 구(舊) 유엔군 초전기념비가 세워졌다. 전쟁이 끝나고 미군이 돌아와 540명의 스미스 부대원을 상징하는 540개의 돌로 쌓아올린 기념비(경기도 등록문화재)다. 그 후 1982년에 스미스 부대원의 전투 장면과 3개의 진지구축을 세 겹의 탑신으로 형상화한 기념비를 세웠다.(신 유엔군 초전기념비)

죽미령 평화공원의 입구에는 죽미령 전투의 역사적 기록과 유물을 전시한 '유엔군 초전기념관'과 스미스부대의 활약상을 체험해 볼 수 있는 '스미스 평화관'이 세워져 있다.

나는 6·25참전용사이면서도 모르고 살아온 한평생이다. 그러니 전후에 태어난 대부분의 사람들에게는 날이 갈수록 6·25전쟁의 역사적 현실이 흐려질 것이 아닌가. 어른들이 각별히 유념하여 오산 죽미령평화공원의 참관을 권장함으로써 자유와 평화를 영원히 지켜내야 할 것이라고 다짐해본다.

오후의 방문지는 평택이다. 도중에 '우리바다수산횟집'에서 이른 점심을 즐기고, 관람 시간에 맞춰 해군 제2함대사령부로 차를 돌렸다.

함대사령부답게 평택항을 끼고 126만 평의 부지를 차지하고 있다. 현역 군인이 나와서 '서해 수호관'으로 안내를 해 준다. 국가유공자증을 반드시 가지고 오라던 당부가 이해가 된다. 종전이 아닌 휴전국가에서 때 없이 도발을 자행하며 긴장을 고조시키는 북한을 상대로 서해를 지켜내는 해군 장병의 노고에 머리가 절로 숙어진다.

서해 수호관의 1층은 NLL과 그동안 벌어졌던 해전을 일목요연하게 보여 주는 해전실이다. NLL(북방한계선)은 국경 아닌 국경이며 분단국이 겪는 아픔의 상징이다. 1953년 8월 30일에 클라크 유엔군사령관이 유엔군 측 해·공군의 해상 초계활동 범위를 한정하기 위해 동·서해에 설정한 해상경계선이다.

그러나 북한군의 도발로 그동안 여러 번의 해전이 벌어졌다. 제1연평해전은 1999년 6월 15일에 연평도 서남쪽 해상에서 북한 경비정이 기습적인 선제사격을 해 와서 우리 해군 함정이 격퇴한 해전이다.

제2연평해전은 한국과 일본에서 월드컵대회가 열렸을 때, 2002년 6월 29일 연평도 서남방 해상에서 북한 경비정이 NLL을 넘어 기습 공격해 온 것을 우리 해군 함정이 격퇴한 해전이다.

세 번째인 대청해전은 2009년 11월 10일, 대청도 동쪽 해상에서 북한 경비정이 NLL을 침범하여 우리 고속정에 먼저 사격을 해 온 것을 우리 해군 함정이 즉각 대응하여 격퇴한 해전이다.

서해 수호관의 1층은 '천안함실'이다. 천안암 피격사건의 전모를 실물을 통해 볼 수 있다. 2010년 3월 16일 우리의 영해인 백령도 서남방 해상에서 경비 임무를 수행 중이던 천안함이 북한 잠수정의 어뢰 공격으로 침몰되었다. 그 당시에는 침몰 이유를 가지고 이러쿵저러쿵 말도 많았으나, 민·군합동조사단이 정밀 조사를 한 결과 북한 어뢰의 공격으로 격침되었음이 확인되었다. 그때 수거된 어뢰추진동력장치와 두 동강이 난 선체의 실물을 내 눈으로 확인할 수 있었다. 전사자 46명, 부상자 56명이라는 피해를 입었다. 우리 일행은 전몰 영웅들의 영전에 거수경례를 하며 명복을 빌었다. 안보교육의 현장으로 널리 활용하여야 할 귀중한 자산이다.

(2022. 10. 25)

9월의 설렘

- 9월이면 떠오르는 사람

나는 8월보다 9월을 더 좋아한다. 무더위가 가고 풍요한 가을이 찾아와서만은 아니다. 해방을 맞은(8.15) 감격과 환희의 기억보다 수복(9.28)의 기쁨이 가슴을 뛰게 하고 마음을 설레게 하기 때문이다.

돌아다보면 나는 평생 두 번의 큰 전쟁을 겪었으나 그 때마다 감격과 환희는 달랐다. 처음으로 겪은 세계 제2차 대전은 일본의 패망으로 우리나라가 해방이 되고 독립을 찾았지만, 초등학교 어린 시절이었으니 그 의미조차 잘 몰랐고, 어느 특정인이 생각나지도 않는다. 그러나 두 번째로 겪은 6·25전쟁은 고등학교 학생으로 전쟁의 와중에 직접 휩쓸렸으니 그 감회와 체험을 잊을 수가 없다. 특히 두 사람의 전쟁영웅을 생각하면 지금도 가슴이 벅차오른다.

김일성의 공산군이 일요일 새벽에 소련제 탱크를 앞세워 남침을 했으니 소총으로 무장한 국군이 대항할 수가 없었다. 3일 만에 서울을 점령하고, 그 여세로 전국을 휩쓸었다. 남은 곳은 대구와 부산뿐이었으니 낙동강이 최후의 방어벽이 된 셈이다. 여기서 밀리면 대한민국은 없어질 위기 상황이었다. 그때 대구를 지켜낸 결전장이 '다부동' 전투이고, 그 싸움을 승리로 이끈 호국영웅이 바로 백선엽 장군이다. 8,000명의 병력으로 2만여 명의 공산군을 한 달 이상 막아내며 전세를 뒤집은 전설적인 맹장이다. 이제는 백수를 누리고 말없이 대전현충원으로 떠나간 장군의 명복을 빈다.

대구 북녘 육십 리 마지막 결전장*에
앞장서며 던진 말 "물러서면 나를 쏴라"
장하다 육이오 영웅 나라를 구했느니

어수선한 나라꼴 걱정하며 가신 님
몸 던졌던 우국충정 받들 사람 누군가
역사는 밝혀 주리니 평안히 잠드소서

*대구 북방 26킬로의 전략적 요충지 다부동의 전투

-「호국영웅의 명복을 빌며」

이 방어전투가 치열한 중에 또 한 사람의 전쟁영웅이 나타났다. 우리가 잊어서는 안 될 맥아더 장군이다. 1950년 9월 15일 실시된 인천상륙작전이 성공하자 서울 탈환의 수복전투로 이어졌다. 치열한 전투 끝에 92일 만에 중앙청 난간에 태극기를 꽂고, 국군은 9월 28일 서울을 완전 탈환했다. 허를 찔린 공산군은 지리멸렬 패망하고 북으로 쫓겨 가지 않을 수 없었다.

그 후 우리는 역사적인 인천상륙작전을 기리기 위해 인천이 한눈에 내려다보이는 자유공원(응봉산)에다 1957년 10월 3알 맥아더동상을 건립했다.

"…그 동상은 자유의 상징이요, 승리의 기념탑이다. 찾는 이의 가슴 속에 그날의 감회를 되살려 주고 숱한 역사의 애환을 이야기해 준다. 세월이 흐를수록 그 늠름한 모습은 자유인의 마음속에 역사의 증인으로 굳게 자리 잡을 것이다.

그런데 반세기가 지난 지금에 와서 해괴망측한 일이 백주에 자행되고 있으니 이 어찌된 일일까. 일부 시민단체들이 자유공원에서 '미군강점 60년 청산 주한미군철수 국민대회'를 개최하고 맥아더 동상의 강제 철거를 시도했다는 글이 나오고, 동상철거를 강행하려는 운동자들의 죽창에 의해 경찰이 실명을 하게 되었다는 가슴 아픈 뉴스가 보도되니, 어쩌다가 세상이 이렇게까지 변했단 말인가. 맥아더가 '분단과 대학살의 원흉'이요, 6·25남침이 '통일전쟁'이라고 공공연히 외쳐 대는 사회 분위기가 웬일인가.

…6·25를 겪어 보지도 못한 사람들이, 우리가 목숨 걸고 사수한 이 땅에서 무슨 짓들을 하려는 것인지 통탄스럽기만 하다.

…맥아더 동상을 철거하겠다고 아우성치는 꼴을 보다 못해서, 미국

의 국회의원들이 동상을 미국으로 가져가겠다는 정중한 편지를 보내왔다니, 이 얼마나 민망스러운 일이고 얼마나 심각한 상황인가. 강산이 변해도 다섯 번을 변했는데, 반세기 전으로 시침을 되돌려놓고, 그것도 남침을 감행한 자들의 잣대로 이 땅의 사물을 재려고 한다면 그것은 과거의 청산도 집착도 아니다. 그 망동을 용인할 자유가 이 세상 어디에 있단 말인가."

– 졸저 『노을의 향연』 중에서

동상을 건립한 후에 다른 운동이 시작되어 우리의 가슴을 훈훈하게 해 주기도 한다. '수복전투'의 발길을 따라 무박걷기를 하며 그날의 고마움을 잊지 않고 자유수호의 의지를 다짐하는 운동을 시작했다. 올해도 제10회의 '무박걷기'를 준비하고 있다.

인천 월미도에서 출발하여 서울까지 수복길 66km를 걷는다. 참가자의 능력에 따라 5km, 20km, 66km를 선택할 수 있다. 생각만 해도 가슴 설레는데, 나는 이제 다리가 무거워 500m도 걷기가 어려운 처지가 되었으니 어쩌랴. 9월 24일이 돌아오면 두 손에 지팡이를 잡고 '방아다리근린공원'에서 1km라도 걸으며 약식동참으로 삼으면 어떨까 생각해 본다.

(『수필문학』 364호, 2022. 9월호)

나도 명예구호대원

대지진의 참상

참으로 잔인한 2월이다. 강추위가 계속되는 판에 튀르키예에 대지진마저 터졌으니. 일본의 관동 대지진 때보다도 더 강력하다는 뉴스가 가슴을 아프게 한다. 우리나라도 군 장병과 119대원 등 총 118명으로 구성된 긴급구호대(KDRT)를 급파했다.

돌이켜보면 튀르키예는 6·25 때 미국, 영국에 이어 1만 4,936명이라는 세 번째로 많은 병력을 파병하였고, 미국에 이어 두 번째로 많은 721명 전사에 2,147명이 부상했다고 한다. 역으로 이번에는 형제의 나라인 튀르키예에 참변이 일어났으니, 구호의 손길을 보내는 것은 너무도 당연하다.

외교부의 발표에 의하면, 한국의 긴급구호대가 2월 9일

하타이주 안타카이에서 무너진 건물 속에 갇혀 있던 두 살 여자아이를 구출했고, 여자아이의 아빠와 30대 여성, 70대 남성 등 8명을 구출했다고 한다. 헌신적으로 수색과 구출 활동을 하는 것을 보고 현지 이재민들이 “코리아 최고!”라고 환성을 올렸다는 기사를 보니 나도 솟아나는 자긍심을 느낀다.

그런데 매몰된 생존자를 구출하는 것도 급하지만, 지상에 살아남아 갈 곳 없이 굶주리고 있는 주민들의 구호활동도 시급한 일이 아닌가.

태극의 깃발 날리며 달려간 구조대원
묻힌 아이 끌어내고 다친 사람 고치니
놀랍다 기적의 생환 온 세상을 달구네

최악의 재난 속에 쑥밭이 된 형제 나라
엄동에 오돌오돌 먹고 입지 못 하거니
아쉽다 구원의 손길 한시가 급하구나

－「긴급구호대」

때마침 문학시대시회 동인들의 채팅방에 희소식이 떴다. 이양자 명예교수의 상세한 메시지를 훑어보니 가슴이 뭉클해진다.

댁에 잘 입지 않는, 혹은 버릴까 말까 망설이던 계륵 같은 겨울의류를 모아서 아래 주소로 보내주시면, 먹을 것, 입을 것, 잘 곳 없어 추위와 배고픔에 떨고 있는 현지 주민들에게 아주 유용하게 쓰일 수 있다고 합니다.

보내주신 물품들은 터키항공을 통해 튀르키예로 무료로 운송한다고 하오니 다소 번거롭더라도 꼭 좀 도와주실 것을 간곡히 요청드립니다.

보내주시면 감사할 물품들은 다음과 같습니다.

겨울의류

코트, 자켓, 레인코트, 우비, 부츠, 점퍼, 바지, 장갑, 스카프, 모자, 양말, 속옷, 내의 등

기타 품목

텐트, 텐트용 매트리스, 담요, 침낭, 보온병, 손전등, 식품(통조림 등) 유아식, 기저귀, 세척 및 위생물품, 생리대

'박스 포장 후 반드시 박스 표면에 물품의 종류와 "Aid Material / Turkiye"라고 크게 기재하고 꼭 선불로 택배비 지불하고(!!!) 보내셔야 합니다.'

보내실 곳 : 이글종합물류

22379 인천시 중구 자유무역로 107번길 20, 304-306호

박찬영 전무 (010 8146 5291)

6·25참전유공자라고 자부하면서 나도 튀르키예 구호활동에 앞장서야 하겠다는 생각에 잠이 안 온다. 나는 자칭 '명예구호대원'이 되자.

즉시 옷장을 열고 겨울옷과 장갑, 방한모, 양말 등을 골라냈

다. 내년에 나는 무엇을 입나 하는 생각도 든다. 그러나 나는 망백의 산마루에 오른 겨울 나그네가 아닌가 생각하니 마음이 홀가분해지기도 한다. 주섬주섬 쌓아 놓은 옷가지를 큰 상자에 차곡차곡 꾸겨 넣으니 두 상자가 된다.

튀르키예의 현지 사정을 생각하면 한 시간이 급하나 어쩌랴. 오늘이 토요일이니 월요일 아침 일찍 우송하자.

추위와 잔혜 속에 지쳐버린 난민들
입을 것 먹거리를 보내주는 천사들
나도야 옷가지 보내 내 마음을 달래리

－「명예구호대원」

며칠 후 6·25참전유공자회 서초지회 내의 친목 단체인 호락회 모임에 나가니, 튀르키예 구호활동에 보탬이 되도록 성금을 모으자고 한다. 모두 즉석에서 5만 원씩을 내어놓았다. 참전유공자로서의 성금이니 기쁘고 흐뭇하다. 희망을 잃지 말고 재난의 극복에 힘을 내라고 멀리서 성원을 보낸다.

(2023. 2. 20)

늦깎이 복학생

몇 해 전 법과대학 총동창회의 신년하례식에 참석을 했다. 90대 중반의 대선배로부터 까마득한 후배까지 많은 동문들이 너른 회의장을 가득 채웠는데, 아는 얼굴은 거의 찾아볼 수가 없었다. 입구에서 서명을 하니 자그마한 기념품을 건네준다. 궁금해서 바로 열어보고 깜짝 놀랐다. 서울대학교 배지가 아닌가.

왜 하필 배지를 골라서 나누어주었을까. 차라리 실용성 있는 볼펜이라도 주었으면 잘 쓸 터인데….

이 신형 배지는 처음으로 만져보는 귀한 것이 아닌가. 우리가 이화동에서 교문을 드나들 때는 단과대학별로 달랐다. 옆으로 긴 네모의 흰 바탕에 法大(법대)란 두 글자가 박혀 있었다. 이제는 배지가 달린 교복을 회상이나 하며 사진에서나 찾아볼 수밖에 없다. 우리 함께 젊은 날의 추억에나 잠겨보자는 배려일까.

하기는 요새는 배지를 달 옷도 안 입는다. 캐주얼한 다운 잠바 하나만 걸치면 가볍고 따뜻하고 어느 곳에서나 불편을 안 느끼는데, 그 옷에 배지를 달면 꼴불견이 아닌가. 그러나 어쩌다 양복을 걸칠 때면 허전함을 느낄 때도 있다. 어디인가 소속감을 못 느끼니 할 일 없는 내 처지를 생각하게도 된다.

어떤 사람들은 누런 배지를 달고 쌈질들만 하면서도 세비를 꼬박꼬박 축내며 거들먹거리는데…. 어쩌다 초라하지만 모자나 윗옷에 울긋불긋한 참전유공자 배지를 단 노인을 만나면 반갑고 친근감마저 느낀다. 나도 6·25참전유공자증을 지니고 있으니…. 방배동 서초보훈회관을 드나들 때면 내 옷에도 그 배지라도 구해 달아볼까 하는 생각을 할 때도 있다. 숨겨진 5·18유공자님들이 보면 코웃음을 치겠지만.

생각 끝에 내 양복의 왼쪽 가슴 부위에 용감하게 대학 배지를 달았다. 늦깎이 복학생이라도 된 느낌이다. 그 어떤 배지보다도 품격이 높은 것이라고 스스로 자부하며, 나 나름의 의미를 부여해 보니 마음마저 뿌듯해진다.

내가 반세기도 전에 대학을 졸업했는데, 박사인데, 명예교수인데 복학이라니…. 그러나 그런 허세는 오만의 극치가 아닌가. 내 머리는 낡았고, 몸은 어린이만도 못한 처지에 수능시험에 응할 수준도 아니지 않은가. 고성능 핸드폰도 활용하지 못하고 겨우 통화나 하고 문자나 주고받는 실력에 복학도 못할 형편이다.

대학에선 복학을 받아주지도 않을 것이니, 나 홀로 복학을 허가하는 것이다. 아날로그시대의 자격증은 일체 털어버리고 초심으로 돌아가자. 디지털시대의 대학생이 되어 새로운 지식과 기술을 받아들이려고 애써보자. 겸허하게 초심으로 돌아가 늦깎이 복학생임을 자부하는 것이 백세시대에 대처하려는 자의 현명한 생존전략이렸다.

4월의 추억

꽃 피는 4월을 싫어할 사람이 있으랴만, 나만큼 좋아하는 사람도 있을까 싶다. 분명 4월은 나의 달이다. 4월을 기다리다 초하루에 태어났으니, 4월이 없으면 나도 없었겠구나, 망상을 하다 보면 저절로 활기가 솟아난다.

금년 4월은 어느 해보다도 감회가 깊다. 힘겹게 기어올라와 보니 어느 결에 망백(望百)의 산봉우리가 아닌가. 이제 내려갈 길만 남은 듯해서, 계묘년 생일에 맞춰 회고록 『송암문학관』을 펴냈다. 내 영혼에게 차려주는 조촐한 잔칫상이라고나 할까. 이제 지팡이 신세를 지는 처지이니 글쓰기를 접으려 했는데 내가 좋아하는 『푸른솔』의 문예지로부터 '4월 중에 수필 한 편 써 달라'는 청탁을 받았다. 시간적인 여유도 있거니와 곰곰이 생각을 해 보니 4월이면 떠오르는 일도 많지 않은가.

1953년 4월 1일에 서울대학교 법과대학에 입학을 했고, 1958년 4월 1일에 대학원에 진학을 했으며, 1960년 4월 1일에 국민대학 강사, 그다음 해 동 대학의 전임강사로 취임해 남들의 부러움을 사기도 했다. 성균관대학교에서 정년퇴임을 하자마자 운 좋게도 다음 해인 1999년 4월 1일에 일본의 나고야경제대학 전임교수로 취임하여 봉직하다, 2007년 4월 1일부터 2년간을 객원교수(전임대우)로 만 10년을 채우고 명예교수로 임명되었으니, 나는 2모작 인생을 화려하게 보낸 셈이다.

모두가 4월에 일어난 일인데, 그중에서도 잊을 수 없는 추억거리를 추려보자면, 4·19혁명부터 들지 않을 수 없다. 3·15 부정선거로 시작된 학생과 시민의 항거에 무릎을 꿇고 자유당 정권이 맥없이 무너지는 사태를 보면서 권력 무상을 절감했다. 그 후 나는 정치에는 외면을 하고, 학문의 길로 매진하기로 다짐을 했다.

그 당시 국민대학의 야간부 강의실에는 나보다 훨씬 나이가 많고 사회적 기반이 단단한 장년들이 대부분이었다. 30세 전의 새파란 젊은 강사가 학생을 휘어잡기는 쉬운 일이 아니었다. 흑판에 강의 제목을 멋지게 써 놓고 첫날의 100분 강의를 막힘없이 마쳤다. 얼마나 긴장했던지 2층에 있는 교수실로 올라갈 때는 다리가 후들후들 떨렸던 기억을 잊을 수가 없다. 그래도 그 4월의 어려운 고비를 잘 넘겼으니, 역시 4월은 나의 달이라고 자부하고 싶다.

나는 4월에 태어난 덕을 톡톡히 보기도 했다. 일본의 대학교

수도 정년은 65세이지만, 정년 전에 지방대학으로 옮겼을 때는 70세까지 연장될 수 있다. 명예교수의 요건도 엄격하여 그 대학에서 20년을 근속해야 한다. 그런데 나는 대학원에 법학과를 창설할 때 문부성으로부터 승인을 받은 창립멤버(속칭으로 '마루고 교수')라 2년이 더 연장된다. 또 공교롭게도 내 생일이 4월 1일인데, 일본의 학년도는 4월 1일에 시작한다. 생일이 속하는 학년도의 말에 정년퇴임을 하기 때문에, 다음 해 3월 말일까지 1년이 더 연장됐다. 결국 8년 근속으로도 특별히 명예교수 증서를 받았고, 2년을 더 객원교수직으로 근무하여 76세까지 10년의 강단생활을 연장할 수 있었다.

세 번째 출품작

나는 서예를 좋아한다. 젊어서 시작했으니 서력으로 따지자면 꽤 오래된 셈이다. 1963년에 이화여자대학의 전임강사로 발령을 받았다. 법정대학에 젊은 교수는 나 하나밖에 없었으니, 법정대학 등산부 지도교수를 비롯해 농촌계몽대 지도교수, 서예반 지도교수까지 내 몫이 되고 말았다.

서예반이 생기자, 송천 정하건 선생을 지도강사로 모셨다. 물론 그 당시 송천 선생은 중견 서예가 유희강 선생의 문하생으로 서실도 없었다. 그때 맺은 인연이 평생 이어와, 100세전을 하자고 다짐을 하기도 했다.

그 후 송천 선생은 인사동에 서실을 열고, 한국 서단의 대가로 성장했다. 그러나 나는 중도에 포기하고 학문의 길에 전념해 왔다.

어느 날 사군자를 그리고 싶어 배울 곳을 추천해 달라고 송천 서실에 들렀다가 발목이 잡혀 그날로 글씨부터 시작했다. 다른 데 찾아가면 여러모로 어려움이 있을 것이니 틈이 나는 대로 자기 서실에 놀러 와서 글씨를 써 보라고 한다. 아무런 부담도 갖지 말고, 쓰다 보면 사군자도 익히게 될 거란다. 참으로 고마운 충고다. 사실은 그것이 정도요 지름길이라 싶었다.

사군자 손대려면 글씨부터 익혀야지
글 못 쓰는 선비가 그림부터 탐내다니
마음을 비울 길 없어 붓끝만 떨어대네

날렵한 난의 잎은 봄볕에 나부낄 듯
명품 붓 잡는다고 그 흉내 낼 수 있나
향기도 뿜어내려면 추위를 겪던 것을

-「묵향부터 즐기려고」

9월에 붓을 잡기 시작했는데, 다음 해 4월에 42회 회원전이 있었다. 무모하게 출품신청을 했다. 주희(朱熹)의 「권학문(勸學問)」 시가 눈에 들어 골랐다.

少年易老學難成
(소년이로학난성: 소년은 늙기 쉬우나 학문은 이루기 어려워)
一寸光陰不可輕
(일촌광음불가경: 짧은 시간이라도 가벼이 하지 말지니)

未覺池塘春草夢

(미각지당춘초몽: 못가의 봄풀은 꿈에서 깨어나지도 못했거늘)

階前梧葉已秋聲

(계전오엽이추성: 뜰 앞의 오동잎에는 어느새 가을빛이 짙구나)

전지 작품 하나만도 힘들었을 처지에, 반절지 소품을 더해 두 점을 내기로 욕심마저 부렸으니….

光陰催白髮(광음최백발: 세월은 백발을 재촉하나)

文學重靑春(문학중청춘: 문학은 젊음을 되살린다)

다음 해 제43회 회원전에도 두 작품을 내걸었다.

一切唯心造

일체유심조는 『화엄경』의 핵심사상을 이루는 말인데 '세상사 모든 일은 마음먹기에 달려 있다'는 뜻이다.

신기선(申箕善 1431~1492)의 권면(勸勉) - 示讀書諸生

方寸不容一點塵(방촌불용일점진) 磨來磨去鏡光新(마래마거경광신)

如何擲却光明寶(여하척각광명보) 甘作醉生夢死人(감작취생몽사인)

가슴 속에 한 점 티끌 용납하지 않으니

갈고닦아 거울 빛이 환하고도 새롭구나

어이하여 환히 밝은 보배를 던져두고

취생몽사하는 사람이 즐겨 되려 하나

사전오기의 힘찬 발걸음이 또 암초에 걸릴 줄이야 어찌 상상이나 했던가. 2016년 1월 27일이다. 호흡기 내과에서 정기 정밀 검사를 했다. 4년 동안 매년 해 오던 검사인데, 금년에는 다음 검사일이 7월 21일로 검사 기간이 단축된 것이다. 예감이 좋지 않다. 어쩐지 근자에 와서 목에서 잔기침이 자주 나왔다. 고질병인 코 때문인가 했는데 원인은 생활환경에 있다는 심증이 굳어졌다.

서예야말로 최고의 웰빙이요, 최적의 힐링이란 송천 선생의 지론엔 공감한다. 그러나 건강한 사람의 경우이지, 미세먼지와 싸워야 하는 호흡기 환자에게는 적용될 리 만무하다. 여름, 겨울, 수시로 바람을 날려야 하는 서실 분위기가 내게는 최악의 환경이란 사실을 간과하는 과오를 범했으니 어쩌랴.

결단을 내렸다. 아쉽지만 서실의 방을 빼고 시골로 내려가 환경을 바꿀 수밖에 도리가 없다. 사전오기의 내 먹물 놀음이 오기오전으로 막을 내려야 할 것인가. 마음이 착잡했다. 어차피 우리가 가는 길에 완성이란 없는 법, 주어진 여건에서 최선의 노력을 다할 뿐이다. 진인사대천명(盡人事待天命)이라고 하지 않았던가.

그러나 회원들과의 만남을 산에서 이어가기로 했다. 매월 첫 일요일이면 송천산악회의 근교 산행에 따라나섰다. 마음으로라도 글씨를 써 보자는 셈일까. 홍연 회장을 비롯해 중산, 모인당, 유정 등 대 선배들이 반겨주고 배려해줘서 참으로 고맙다.

금년 3월의 남산 둘레길 산행 날이다. 나는 회원들을 따라 걷기가 어려우니, 동대입구역에서 만나 책이나 전해주고 회식이나 즐겁게 할 셈으로 나갔다. 일순 회원이 작품을 완성했다며 점심을 쏘겠다고 안내해서 오래간만에 즐거운 시간을 보냈다.

작품 마친 일순님 마음도 홀가분해
족발집 안내하고 기꺼이 쏘았거니
정겨운 송천산악회 고맙기 그지없네

-「기다리던 모임에서」

문제는 그다음이었다. 유정 총무님은 곧 마감을 해야겠으니 나보고도 내달라는 게 아닌가.

붓 놓은 지 여러 해가 되었고, 붓이랑 화선지조차 없다고 하니 믿지를 않는다. 회식 후 해산할 줄 알았는데, 중산 회장이 택시를 잡고 타라고 한다. 그리고 인사동 단골집으로 가서, 먹물, 붓, 화선지 등 용품 일체를 사서 안겨주며 빨리 작품을 준비하라지 않는가. 도리 없이 타의 반, 자의 반으로 서둘러 한글작품을 족자용으로 써서 '지운당' 표구사에 직접 맡기고 돌아왔다. 그런데 도록을 펼처 보여주니, 놀랍게도 집사림이 '프르리라'가 아니라 '푸르리라'라고 오자를 지적하지 않는가. 서두르다 보니「송암의 노래」를 제대로 옮기지도 못했으니 이를 어쩌랴.

(2023. 3. 5)

어쩌자고 맥아더 동상을

나는 대통령으로부터 받은 국민훈장 석류장보다도 소중히 여기는 증명서를 하나 갖고 있다. 국가보훈처장이 발급한 '참전유공자증'이 그것이다. 6·25사변이란 아픈 역사의 소산물이기도 하니, 이제는 그 소유자의 수도 몇 명 남지 않았고 나날이 줄어들게 마련이다. 매달 꼬박꼬박 7만 원이 통장에 입금되니, 어찌 생각하면 미안한 감도 드나, 나도 국가 유공자의 대열에 끼어 있구나 생각되어 더없이 자랑스럽기만 하다.

6·25사변이 나던 해 나는 중학생(당시는 중학 6년제)이었다. 일요일 새벽을 기해서 소련제 탱크를 앞세우고 남침을 감행한 북의 인민군을 소총으로 무장한 국군으로서는 막을 길이 없었다. 파죽지세로 밀고 내려와서, 대구와 부산만이 남아 있었던 위기상황에, 상상도 못했던 맥아더의

인천상륙작전이 성공하여 허를 찔린 인민군은 패퇴하고 다시 서울이 수복되었다. 그런지 얼마 지나지 않아 뜻하지 않았던 중공군의 개입으로 다시 1·4후퇴를 하게 되고, 18세의 나도 징집을 당하게 되었다.

장호원, 문경 새재를 거쳐 경산까지 천 리 길을 걸어서 후퇴를 했다. 매일 수백 명의 남행 대열이 줄을 이으니, 도로변 주민들은 당할 도리가 없었을 것이다. 한 덩어리 주먹밥에 부엌과 헛간에서 새우잠을 자면서도 대열에서 낙오되면 어찌하나 걱정이 되어, 부르터서 엉망이 된 발로 절뚝절뚝 기를 쓰고 따라가던 기억이 지금도 생생하다.

10여 일 굶주리다 보니 장교가 되면 밥이라도 배불리 얻어먹을 것 같은 단순한 계산에서 국민방위군사관학교에 자원하여 입교하였다. 전시라 대구의 어느 방직공장에서 1개월여의 군사교육을 마치고 바로 방위군 소위로 임관되었다. 창녕에 주둔했던 제37교육대로 곧 배속을 받았다. 당시 현역 소위로 차출된 동료들은 대부분 청춘의 꿈을 펼쳐보지도 못하고 전장의 이슬로 사라졌다. 그날의 가슴 아픈 참상을 어찌 필설로 옮길 수 있겠는가?

16개국 자유우방의 젊은이들이 목숨을 바쳐 싸워주지 않았더라면, 노르망디 상륙작전보다도 빛나는 맥아더의 인천상륙작전이 감행되지 않았더라면, 대구와 부산의 함락은 시간문제요, 인민군에 의한 공산화 통일이 이루어졌을 것이다. 그렇게 되었더라면 오늘의 대한민국은 있을 수 없을 것이고, 나도 틀림없이 오래전에 저세상 사람이 되었을 것이다.

김일성을 맹신하고 받드는 무리들의 입장에서 보면, 적화통일이 일보 직전에 좌절되었으니 참으로 원통하기 이를 데 없고, 맥아더는 철천지원수로 보일 것이다. 그러나 자유를 찾은 우리는 역사적인 인천상륙작전을 기리기 위해 인천이 한눈에 내려다보이는 자유공원(응봉산)에다 1957년 10월 3일, 맥아더 동상을 건립했다. 그 동상은 자유의 상징이요, 승리의 기념탑이다. 찾는 이의 가슴 속에 그날의 감회를 되살려 주고 숱한 역사의 애환을 이야기해 준다. 세월이 흐를수록 그 늠름한 모습은 자유인의 마음속에 역사의 증인으로 굳게 자리 잡을 것이다.

그런데 반세기가 지난 지금에 와서 해괴망측한 일이 백주에 자행되고 있으니 이 어찌된 일일까. 일부 시민단체들이 자유공원에서 '미군강점 60년 청산 주한미군철수 국민대회'를 개최하고 맥아더 동상의 강제 철거를 시도했다는 글이 나오고, 동상 철거를 강행하려는 운동자들의 죽창에 의해 경찰이 실명을 하게 되었다는 가슴 아픈 뉴스가 보도되니, 어쩌다가 세상이 이렇게까지 변했단 말인가. 맥아더가 '분단과 대학살의 원흉'이요, 6·25 남침이 '통일전쟁'이라고 공공연히 외쳐 대는 사회 분위기가 웬일인가.

만약에 맥아더 동상이 철거된다면, 다음 운동으로는 판문점의 '자유의 다리'를 비롯해서 곳곳에 세워진 전적비나 참전비, 유엔묘지, 국군 묘지, 트루먼 동상 등 많은 6·25의 흔적은 반동의 잔

재라고 깨끗이 청소를 하려들 것이 아닌가. 영국인 참전용사 스콧 베인브리지는 유언을 남겨서 그의 유골을 파주 야산에 뿌렸다고도 하는데, 6·25를 겪어 보지도 못한 사람들이, 우리가 목숨 걸고 사수한 이 땅에서 무슨 짓들을 하려는 것인지 통탄스럽기만 하다.

맥아더 동상을 생각하면 알렉산드르 2세의 동상이 떠오른다. 언젠가 핀란드의 헬싱키를 들렀을 때 그 중심가에 우뚝 솟은 헬싱키 대성당을 찾아간 적이 있었다. 이 성당은 루터파 교회의 총본산으로서, 흰색 건물에 푸른색 돔(dome)과 하얀 주랑(柱廊)이 조화를 잘 이루는데, 쾌청한 날에는 한층 더 산뜻하게 빛난다. 대성당의 계단 앞에는 항상 많은 인파가 붐비는 정사각형의 원로원광장이 있다.

그 광장의 중앙에는 놀랍게도 증오의 대상이 되었어야 할 러시아의 황제 알렉산드르 2세의 동상이 위세도 당당하게 지금까지도 서 있지 않은가! 핀란드는 과거 백여 년에 걸친 러시아의 지배를 받았으니 숱한 원한과 고난의 역사가 얼룩져 있었겠지만, 핀란드의 국민들은 과거사를 청산하기에 앞서 수용해 버렸고, 되지도 않을 자주국방론은 접어두고 중립외교정책으로 냉전의 틈바귀에서 자신들의 정체성을 보존하며 힘을 길러온 것이다. 소련이 와해 되자 종래의 중립 노선을 바꾸어 친서방정책으로 선회하였고, 1995년부터 EU의 정식 회원국이 되었다.

현명한 핀란드 국민들의 실용주의적인 사고가 러시아 황제의 동상을 끌어 내리기는커녕 관광자원으로 요긴하게 활용하는 것이나 아닌지 생각해 보았다. 그래서 핀란드는 러시아보다 작고도 부한 나라가 되었나 보다.

맥아더 동상을 철거하겠다고 아우성치는 꼴을 보다 못해서, 미국의 국회의원들이 동상을 미국으로 가져가겠다는 정중한 편지를 보내왔다니, 이 얼마나 민망스러운 일이고 얼마나 심각한 상황인가. 강산이 변해도 다섯 번을 변했는데, 반세기 전으로 시침을 되돌려놓고, 그것도 남침을 감행한 자들의 잣대로 이 땅의 사물을 재려고 한다면 그것은 과거의 청산도 집착도 아니다. 그 망동을 용인할 자유가 이 세상 어디에 있단 말인가.

반만년의 역사가 찬란하다고 자랑한다지만, 남겨진 것이 별로 없으니 보여줄 것이 없는 나라다. 외세에 의해서 불타고 빼앗긴 것도 한스럽고 원통한데, 내부의 갈등으로 스스로 파괴하고 말살한대서야 남을 것이 있겠는가. 홍위병의 난동이나 진시황의 분서갱유(焚書坑儒)를 이웃 나라의 역사 이야기만으로 흘려버릴 수는 없지 않은가. 성급한 한풀이는 접어두고, 역사적 유적이나 유물의 불모지나 다름없는 이 땅에 역사의 이야깃거리를 남겨두기로 하자. 그리고 그 평가 작업일랑 다음 세대에 맡겨두는 것이 어떨지, 눈을 감고 곰곰이 생각해 본다.

(2005. 12. 20)

영광의 제복

며칠 전 6·25참전유공자회 서초구지회에서 주최한 2023년도 정기총회 및 안보결의대회에 참석을 했다, 행사 전에 열린 운영위원회에서 반가운 소식을 전해 들었다. 3월 말까지는 보훈처로부터 회원들에게 영광의 제복을 배달해 준다니 참으로 고마운 일이다. 더욱 기쁘고 흐뭇한 것은 초등학교 학생들의 청원 편지가 발단이 되었다고 하지 않는가.

뜻하지 않은 6·25전쟁으로 폐허가 되었던 이 땅에서 자유와 평화를 지켜내고 한강의 기적을 이룩하여 세계 10위권의 경제 대국으로 우뚝 서게 되었으니 얼마나 자랑스러운가. 그러나 우리가 누리는 번영에 취해서 나라를 지켜낸 참전유공자들의 숭고한 헌신을 잊을 수는 없다.

72년 전, 세계 22개국이 UN의 깃발 아래 하나가 되어 싸웠으며, 195만 명이 넘는 젊은이들이 청춘을 바쳤고, 3만 8000여 명의 용사들이 목숨을 잃었다. 그래서 2020년에 제정된 '유엔참전용사의 명예선양 등에 관한 법률'에 따라 11월 11일을 법정기념일로 격상하였다.

부산에는 세계 유일의 유엔묘지인 유엔기념공원이 있어, '유엔참전용사 국제추모의 날' 행사를 하고, 유엔평화기념관에서는 해외 참전용사들의 사진전도 열고 있다.

부산 동신초등학교 학생들과 선호승 교사는 매년 6월이면 'Remember 6·25'라는 프로젝트를 마련하여 유엔평화기념관의 방문 및 참배, 6·25참전유공자회에 감사 엽서 쓰기, 보훈 관련 영화 감상 등의 활동을 해 왔다고 한다.

특히 동신초등학교 6학년 1반 학생 24명이 국가보훈처에 보낸 손 편지 뉴스가 어른들의 가슴을 뭉클하게 한다. "이분들이 목숨을 걸고 싸워주셨기에 지금의 우리가 있습니다. 제복 한 벌쯤은 맞춰드리는 게 맞는다고 생각합니다."라는 사연이다. 외국의 참전용사들이 입은 제복이 멋있어 보였던 모양이다.

6·25전쟁 관련 행사 때면 우리도 정해진 복장을 하고 나섰다. 정해진 복장이라지만 '6·25참전유공자'라는 글씨와 오각의 누런색 배지가 박혀 있는 푸른색 운동모자를 쓰고, 흰 와이셔츠에 남색 망사 조끼를 입는 것이 전부다. 일반인과 구별을 하자는 것이지 정장을 차린다는 의미는 없는 게 사실이다. 그래도 남이 못 쓰는 모자 하나만으로도 나는 자부심을 갖고 보람을 느끼며 당

당해진다.

오각 배지 수놓은 청색 모자 눌러 쓰고
남색의 망사 조끼 명예 제복 걸쳤거니
세상이 험하다 한들 거칠 것이 있으랴

-「영광의 제복 차려입고」

그런데 세월이 흐를수록 6·25전쟁을 아는 참전용사들은 줄어들고, 6·25전쟁의 의미도 퇴색되어가니 안타까운 일이 아닌가. 수십 년을 불러오며 반공정신을 일깨워준 6·25의 노래(작사 박두진, 작곡 김동진)조차 변질되고 있으니 끔찍한 일이다. 김대중, 노무현 정권은 이 곡을 10년간이나 금지곡으로 지정한 것도 모자라, 그 가사까지 황당한 내용으로 바꾸어 놓았다(신 6·25 노래, 심재방 작사).

왜곡되어가는 것을 바로잡아 보자고 나도 「해암의 6·25 노래」를 지어보았다.

탱크 몰고 쳐내려와 짓밟힌 금수강산
맨주먹 알몸으로 쳐 올라간 압록강
아쉽다 부풀은 꿈이 물거품이 되다니

붉은 군대 살린다고 몰려온 오랑캐들
친구 나라 참전에 싸움을 멈추고
억지로 그린 휴전선 통일을 막고 있네

장사포 쏘아대며 협박하는 붉은 무리
힘 길러 경계하니 생떼도 쓸모없어

황홀한 겨레의 꿈은 어김없이 빛나리
(후렴)
우리 어찌 그날을 잊을 수가 있으랴
온 겨레 마음을 모아 새나라 이룩하세

－「어찌 우리 잊으랴」(2022. 6. 6)

빨리 3월이 돌아와 '명예 제복'을 입고 행사장에 모인 전쟁영웅들의 늠름한 모습을 동신초등학교 학생들에게 보여주고 싶다. 명예 제복은 행사 때만 입을 것이 아니라 평소에도 입어서 얼마 남지 않은 나그네 길에 6·25전도사가 되어야 할 것이다. 작년에 6·25참전유공자회에서 지급 받은 영광의 지팡이를 짚고서, 열심히 행사에 참석하고 부지런히 걷는 것만이 자신의 건강을 유지하고 위국헌신(爲國獻身)하는 길이 아니겠는가.

그래도 아쉬움은 남는다. 18세에 징집을 당한 내가 망백(望百)의 산마루턱에 올랐으니 몇 년 안에 6·25참전유공자들은 모두 이 세상을 떠나게 될 것이다. 그 후에도 6·25참전유공자회가 존속해서 그 공을 홍보하고 안보의식을 강화하려면 후계자를 지정하는 방안을 제도적으로 정비하여야 할 것이다. 독립유공자의 후손들이 광복회를 이어가고, 세상에 드러내 놓고 자랑해야 할 5·18유공자들을 위해서도 특별법이 제정되지 않았는가. 진정한 자유와 평등이 보장되는 정의로운 사회를 이룩하려면 너무 늦기 전에 서둘러야 하겠다는 생각이 나 혼자만의 성급함일까.

(2023. 1. 30)

영광의 지팡이를 짚으며

나는 지팡이를 좋아한다. 아버지가 산에 있는 진달래나무를 잘라다 손수 만든 지팡이를 잊지 못한다. 아버지가 돌아가신 후 그 지팡이를 찾으니 어머니가 고인의 물품이라고 불태웠다 하지 않는가. 나는 그때의 아쉬움과 실망감을 잊을 수가 없다.

그 후 나는 지팡이를 모으기 시작했다. 내가 쓰다 남겨두고 가면 4남매들이 나누어 갖고, 사용하면서 나의 체온을 느끼기를 바라면서. 국내외 여행지에서 특이한 지팡이를 보면 반드시 사 들고 왔다. 그러다 보니 현관 벽에 붙여 놓은 지팡이걸이에는 더 걸 수가 없어서 지팡이꽂이 항아리를 놓고 이용한다.

나의 수집 취미를 아는 동창생 동천(東泉)은 청려장을 세 개나 만들어주었다. 그중 하나에는 손잡이에 '海巖'이라고 호까지 써 붙여서 짚을 때마다 동천의 마음씨와 재주를 떠올린다.

그런데 최근에 고맙게도 6·25참전유공자회에서 색다른 지팡이를 받았다. 문득 옛날 고을의 원님이 100수를 맞은 장수 노인에게 청려장을 하사하며 축하를 했다는 이야기가 떠오른다. 100수를 맞는 노인이 몇이나 될 것이며, 지팡이 짚고 걸을 수나 있을까. 차라리 고희나 미수를 맞는 노인에게 하사해서, 열심히 걸어 건강을 챙기고 항상 지팡이를 짚어 안전을 도모하게 하는 것이 더 바람직하지 않았을까 하는 생각도 든다. 이번에 망백의 참전영웅들에게 지팡이를 선물한 것은 참신한 착상으로 참으로 고맙고 자랑스럽다.

반짝이는 쇠 지팡이에는 이름표까지 붙였고, 이름뿐만 아니라 생년월일, 혈액형까지 박혀 있다. "爲國獻身, 대한민국 국민은 참전유공자 여러분의 희생과 헌신 영원히 기억하겠습니다!"라는 감사 문구가 새삼 가슴을 설레게 한다. 이 지팡이가 닳도록 쉬지 않고 부지런히 걸어서 나의 건강을 유지하는 것만이 내가 할 수 있는 위국헌신의 길이요, 보은의 방편이란 다짐을 해 본다.

지팡이 하사받은 망백의 참전영웅
매달린 이름표엔 혈액형도 새기었고
고맙다 희생과 헌신 잊을 수 없다 하네

-「영광의 지팡이」

(2022. 8. 18)

5각의 누런색 배지

나는 매주 2, 3일은 내방역을 오가며 늙마의 무료함을 달랜다. 마누라가 물으면 보훈대학 다닌다고 하며. 내방역에서 내리면 삼사 분 거리에 서초구 보훈회관과 아버지센터가 있어 할 일도 기력도 잃은 아버지들을 위해 여러 가지 활동을 도와준다. 중국어, 영어회화에 경락도 배우고, 스트레칭의 지도와 고관절의 물리치료까지 받고, 문인화 그리기에 도전하여 난을 치며 선비인 척 즐기고 있다.

강단 생활 60년에 책과 씨름하다 보니 사회단체나 여러 모임과는 담을 쌓고 이로운 길을 앞만 보고 달려온 셈이다. 우연한 기회에 보훈회관엘 들르니, 6·25참전유공자회가 있는데 왜 아직도 가입하지 않았느냐며 권한다.

금년 유월에는 제69주년 6·25전쟁 참전 기념식이 엘타워에서 있으니 참석하라는 통지가 날아들었다. 오각의 누렁 배지를 수놓은 흰 운동모자와 흰 와이셔츠에 파란색의 망사 조끼를 걸치고 식장엘 들어섰다. 생전 처음으로 참여하는 행사니 좀 어색하기도 하지만, 가슴이 설레기도 한다.

앞쪽 강단의 벽 위에 붙어 있는 현수막에는 '나라를 위한 희생과 헌신 서초구가 기억하겠습니다'라 쓰여 있다. 전쟁영웅이라고 추켜세우는 구청장의 축사를 듣자니, 지나온 삶의 굴곡이 새롭게 떠올라 감회가 새롭다. 서초 구민으로 살고 있는 것이 행복하고 자랑스럽기도 하다.

나는 지금까지 6·25참전유공자라는 것에 별로 자부심을 못 느꼈다. 1·4후퇴 때 학생들 모두가 징집을 당했으니 당연한 것이고, 국가유공자 중에 제일 푸대접을 받는 것 같아서 큰 기대를 하지도 않는다.

나라 밖 소식이지만, 2019년 5월 25일 미국 오하이오주 스프링 그로브 묘지에서 열린 한국전 참전용사 헤즈키아 퍼킨스 씨(90세)의 장례식에는 놀랍게도 고인과는 일면식도 없는 수천 명의 시민이 참석하여 그의 마지막 길을 배웅했다는 기사를 보고 가슴이 뭉클했다.

어쨌든 나는 내 나라에서 매월 18만 원을 받아오다 최근에는 30만 원의 참전 수당을 보훈처로부터 받을 수 있으니 얼마나 고마운가.

세월호 타고 수학여행 하다 사망한 자 1인 보상액이 8억 5천만 원에서 12억 5천만 원이고, 5·18 때 가담자가 1인 6억 원에서 8억 원이며, 각종 특혜가 주어진다는 메일이 떠돌아다니니, 가짜뉴스로 치부하고 싶다. 나는 국가가 밝히고 기록으로 남겨주면 그것만으로도 영광스럽겠는데, 왜 5·18유공자들은 명단도 대우도 밝히길 꺼려하는지 이해가 안 간다. 본인들은 그렇다 치고, 국가마저 개인 정보만 보호하려 든다니 참으로 이상하다. 언제쯤이나 정의로운 사회가 만인에 평등하게 돌아올 것인지….

그래도 어둠이 가시면 태양이 떠올랐다. 반만년의 역사가 이어지며 이렇게 자랑스러운 대한민국으로 발전해왔으니 나는 밝아올 내일을 믿는다. 그 시련의 역사 속에서 소련제 탱크 앞에 M1소총과 수류탄으로 싸워낸 역전의 참전영웅 대열에 당당히 끼어들어 이름을 밝힐 수 있으니 얼마나 영광스러운가.

내 이력서의 경력란 첫줄에는 '1953. 7. 27. 제대(육특(丙) 160호, 육군 이등병, 군번 0787751)'이 자리를 잡는다. 그리고 평소에 쓰는 중절모 앞에는 5각의 누런색 배지가 반짝인다. 나는 자랑스러운 대한민국의 육군 이등병이었노라.

6 · 25 전쟁영웅

하늘도 애도하는지 장맛비가 부슬부슬 내린다. 무거운 다리를 끌고 나갈 수도 없으니 나는 집에서 조사를 써 보며 6·25의 전쟁영웅을 떠나보내기로 한다.

참담했던 6·25 당시를 회상하면 울분이 터져 나온다. 소련제 탱크를 앞세워 밀고 내려온 인민군 앞에서 저항도 못해 보고 3일 만에 서울을 내어주었다. 그리고 파죽지세로 전 국토를 점령하고 대구와 부산만이 남았으니 낙동강은 최후의 방어선이었다. 여기서 밀리면 대한민국은 없어질 위기상황이다. 그때 대구를 지켜낸 결전장이 '다부동' 전투이고, 그 싸움을 승리로 이끈 전쟁영웅이 바로 백선엽 장군이다.

공포에 질린 병사들을 향해 "우리가 밀리면 미군도 철수한다. 내가 후퇴하면 너희가 나를 쏘라"며 앞장서서 돌

격했다. 그는 병력 8000명으로 인민군 2만여 명의 총공세를 한 달 이상 막아내며 전세를 뒤집는 기적을 일궈낸 전설적 맹장이다.

백 장군은 인천상륙작전이 성공하자 미군보다 먼저 평양에 입성했다. 그러나 중공군의 개입으로 다시 서울을 내어주고 1·4후퇴를 했다. 그다음 해 다시 서울을 탈환할 때도 최선봉에 섰다.

1·4후퇴 때 나는 중학생의 몸으로 징집을 당해 국민방위사관학교를 갔고, 우여곡절 끝에 6·25참전유공자가 되었다. 계급은 육군 2등병이니, 최초 최고의 4성 장군은 내게는 하늘과 같은 존재요 평생 잊을 수 없는 은인이시다.

그 위대한 별이 100수를 누리고 말없이 대전현충원으로 떠나간다. 장군이여! 편히 잠드소서.

(2020. 7. 15)

한글부터 배워라

극심한 폭염이 지나가면 가을바람 따라 곧 '한글날'이 다가온다. 온 세계에 자랑할 만한 우리 글 한글의 제정을 기리는 10월 9일이다.

돌이켜보면 나는 한글 덕을 크게 본 셈이다. 내가 초등학교 5학년 때 일제의 속박으로부터 해방이 되었다. 학교에 가니 선생님이 흑판에 '가 갸 거 겨'를 써 놓고 한글을 가르쳐 주신다. 그런데 나는 한글을 줄줄 읽어내니 주위의 주목을 끌었고, 그 덕에 줄반장에서 효조(孝組) 반의 반장으로 지명을 받아 벼락감투를 썼다. 나의 부모님은 낫 놓고 기역자도 모르는 성실한 농부였다. 그래서 멀리서 날아드는 편지를 나라도 읽어드리자고 틈틈이 언문(한글)을 배워두었던 덕분이다.

또 한글 덕을 톡톡히 본 것은 일본 나고야경제대학의

강단에 섰을 때였다. 첫 시간에 강의실에 들어서니 100여 명의 남녀 학생들이 가득 차 있었다. 교실 파괴의 원조는 일본이라 하더니 정말 질서가 안 잡힌 분위기다. 도리 없이 떠드는 두세 놈을 내쫓고 억지로 첫 시간을 끝냈다. 다음날 시간에는 궁리 끝에 한글 무기를 들이대고 떠드는 학생들의 기를 죽였다.

"일본인같이 영어를 좋아하는 사람도 드물거니와 너희들만큼 영어를 못 하는 사람도 없지 않으냐? 그러나 그것은 너희들 탓이 아니다. 일본에서 쓰고 있는 문자 때문이니 너희들의 숙명이기도 하다. 영어를 잘하고 싶으면 한글부터 배워라." 조용해지자 한글의 우수성을 역설했다.

일본의 가나 문자는 51자이고 한글의 모음과 자음은 24개다. 가나는 한 자가 내는 발음이 하나지만 한글은 모음과 자음을 결합하여 무슨 소리든 표기할 수가 있다. 가나에는 '으'나 '애'도 '어'도 없고, '파'나 '차'도 없다. 받침이 없어 '발'이나 '밥' 같은 발음을 표기할 수가 없다. 그러니 'TWO'를 '쓰'라 발음하고, 'TV'를 '텔레비'라 하지 못하니 '데레비'라고 하며, 이른바 화제영어(和製英語)를 만들어 쓰고 있지 않느냐. 때마침 인기 드라마 '겨울연가'가 일본 열도를 달구고 있었다. 주인공인 '욘사마'(배용준)에 반한 아줌마들이 원음으로 듣겠다고 한국어학원까지 다니던 상황이니 학생들이 대꾸할 여지가 없지 않은가.

한글의 독창성과 합리성은 세계적으로 인정받는다. 유네스코에서도 가장 뛰어난 문자로 평가하고 있다. 해마다 문맹퇴치에 공이 큰 사람들에게 '세종대왕 문맹퇴치상'(King Sejong Literacy Prize)을 주고 있다. 백성을 지극히 사랑하신 세종대왕님이 디지털시대에 빛을 보게 만든 준비된 문자이니 얼마나 고맙고 자랑스러운가.

그런데 세상이 급히 변하고 있으니 우리말과 한글에도 우려의 소리가 나온다. 세월 따라 발전하는 것은 당연하기도 하지만 원형을 훼손하는 선을 넘지는 말아야 하지 않을까. 선생님을 '샘'이라 하는 것은 흔히 볼 수 있고, 신문 기사에서 'N잡러'라 써놓고 괄호 속에 '여러 직업을 가진 사람'이라 해설까지 붙여놓으니. 급하다고 알기 어려운 야릇한 말, 기호화한 단축 표기, 외래어까지 섞인 국적 불명 합성어를 만들어낸다면 그 남용이 행여 자랑스러운 한글문화의 창달에 걸림돌이 되지나 않을지 다 같이 고민해 보아야 하겠다는 생각이 든다.

한글 덕에 감투 쓰고 일본 학생 기죽여
스물넉 자 자음 모음 배우려 들끓으니
고맙다 준비된 글자 온 세상을 밝히네

한글도 생물이라 세월 따라 변하건만
편하고 아름답게 임의 뜻 살리려니
아쉽다 야릇한 글귀 세상을 끌어갈지

-「준비된 글자」

이범찬 연보

학력

1941. 3 ~ 1946. 7. 여흥초등학교
1946. 9 ~ 1951. 10. 여주농업중학교
1951. 10 ~ 1952. 3. 여주농업고등학교
1952. 4 ~ 1953. 3. 서울대학교 농과대학 부치 중등농업교사양성소
1953. 4 ~ 1960. 3. 서울대학교 법과대학
1958. 4 ~ 1960. 3. 서울대학교 대학원(법학석사)
1975. 2. 동국대학교 대학원에서 법학박사학위 취득
1980. 7 ~ 1981. 7. 미국 Columbia University에서 회사법 연구(객원교수)
1992. 8 ~ 1993. 2. 일본 리쯔메이칸대학에서 회사법 연구(객원교수)

경력

1953. 7. 27 제대(육특(丙) 160호, 육군 이등병, 군번 0787751)
1960. 4 ~ 1961. 3. 국민대학 강사
1961. 4 ~ 1961. 8. 국민대학 전임강사
1962. 3 ~ 1964. 2. 국민대학 강사
1963. 11 ~ 1966. 2. 이화여자대학교 법정대학 전임강사
1975. 3 ~ 1975. 7. 이화여자대학교 법정대학 교수
1975. 7 ~ 1998. 8. 성균관대학교 법과대학 교수
1984. 3 ~ 1988. 1. 성균관대학교 법과대학 학장
1988. 2 ~ 1990. 2. 한국상사법학회 회장
1998. 8. 31. 성균관대학교 법과대학 정년퇴임, 국민훈장 석류장
1998. 9. 1~ 현재 성균관대학교 법과대학 명예교수
1999. 4. 1~ 2007. 3. 31. (일본)나고야경제대학 교수
2005. 8. 『수필문학』으로 등단(수필), 수필문학추천작가회 회원
2007. 1. 20. 한국수필문학가협회 이사
2007. 4. 1~ 2009. 3. 31. (일본)나고야경제대학 객원교수(전임)
2007. 4. 1~ 현재 (일본)나고야경제대학 명예교수
2007. 12. 한국문인협회 회원

2008. 6. 『문학시대』로 등단(시), 문학시대시회 회원
2008. 11. 문학의 집·서울 회원
2012. 9. 제8회 원종린수필문학상(작품상) 수상
2016. 6. 제6회 월산문학상 수상
2018. 4. 제16회 대한민국서예문인화대전에서 문인화 부문 입선
2018. 8. 제15회 한국추사서예대전에서 문인화 부문 입선
2019. 6. 제17회 대한민국서예문인화대전에서 문인화 부문 삼체상 수상
2019. 8. 제16회 한국추사서예대전에서 문인화 부문 입선
2020. 5. 28~2022. 4. 30. 서울대학교 법과대학 동창회 제38대 상임이사
2020. 11. 5.~ 대한민국 6·25참전유공자회 서울시지부 서초구지회 운영위원
2023. 4. 국제PEN한국본부 회원

해암 이범찬 교수의 연구실적(저서)

1965. 5. 상공인의 상업법규 | 향문사
1966. 9. 상법예해(상) (서돈각·이범찬 공저) | 법통사
1970. 5. 경영자(차낙훈·이범찬 외 4인 공저 | 신영출판사
1972. 6. 상법예해(하) (서돈각·이범찬 공저) | 국민서관
1973. 5. 상법강의(하) | 국민서관
1976. 6. 주식회사감사제도론 | 법문사
1978. 9. 신공업소유권법 (이범찬·이수웅 공저) | 지학사
1979. 4 상법강의 | 국민서관
1982. 5. 객관식 상법요해 | 삼영사
1984. 3. 상법개정안해설(손주찬·이범찬 외 4인 공저) | 삼영사
1984. 4. 개정상법해설(손주찬·이범찬 외 4인 공저) | 삼영사
1984. 9. 체계상법판례집3-1(이범찬·임홍근·김현무 공편) | 삼지원
1988. 12. 예해상법 상권 | 국민서관
1989. 1. 주식회사의 감사제도 | 한국상장회사협의회
1989. 6. 주석상법(Ⅱ-하)(손주찬·이범찬 외 4인 공저) | 한국사법행정학회
1990. 5. 대학교육:사회과학분야(이돈희·이범찬 외 12인 공저) | 대왕사
1993. 2. 체계상법판례집 3-1, 3-2, 3-3 (이범찬·임홍근·김현무 공편)
| 성균관대학교법학연구소
1994. 10. 韓國會社法論(日本) | 晃洋書房

1995. 5. 상법개정안해설(손주찬·이범찬 외 6인 공제) | 법문사
1996. 2. 〔제6판〕상법요해 | 삼영사
1997. 2. 주식회사의 감사제도(이범찬·오욱환 공저) | 상장회사협의회
1997. 2. 〔제4판〕상법개론(이범찬·최준선 공저) | 삼영사
1997. 8. 상법(하) (이범찬·최준선 공저) | 삼영사
1997. 12. 〔제7판〕상법요해 | 삼영사
1998. 9. 현대주식회사의 기관구조(이범찬·염정의 공저) | 삼지원
1998. 12. 회사법의 제문제 | 삼지원
1998. 12. 해암의 자화상 | 삼지원
1999. 7. 주석 상법(Ⅲ)[회사법(2)](손주찬·이범찬 외 4인 공저) | 한국사법행정학회
2001. 2. [제7판] 상법개론(이범찬·최준선 공저) | 삼영사
2001. 8. [제3판] 상법 (하)(이범찬·최준선 공저) | 삼영사
2001. 11. 한국회사법(이범찬·임충희·김지환 공저) | 삼영사
2002. 7. [제3판] 상법 (상)(이범찬·최준선 공저) | 삼영사
2003. 4. [第2版] 比較企業法講義(日本語版) | 三知院
2003. 4. [제4판] 주석 상법 [회사(Ⅲ)] (손주찬·이범찬 외 5인 공저) | 한국사법행정학회
2003. 10. [제11판] 상법요해 (이범찬·김지환 공저) | 삼영사
2004. 5. 韓國會社法講義(日本語版) | 三知院
2004. 7. 韓國法概說(日本語版)(李範燦·吳旭煥·金知煥 共著) | 三知院
2006. 4. 기행문집 『지구촌의 여정』 | 교음사
2007. 4. 수필집 『원숭이 목각』 | 교음사
2008. 7. 시집 『바닷바위의 노래』 | 마을
2008. 12. 大韓民國法概說(日本語版)(李範燦·石井文廣 共編著) 成文堂
2009. 7. 시집 『시클라멘을 마주하고 있으면』 | 마을
2010. 2. 수필집 『늙마의 외도』 | 소소리
2010. 10. 시조집 『가을로 가는 나들이 노래』 | 마을
2011. 11. 시조집 『노을력을 달구며』 | 마을
2012. 8. 기행문집 『발길 따라 물길 따라』 | 소소리
2013. 6. 시조집 『푸른 동산』 | 마을
2014. 9. 수필집 『어차피 가는 길을』 | 소소리

2015. 5. 시조집 『바람 따라 구만리』 | 마을
2016. 1. 기행문집 『낯선 땅을 찾아』 | 소소리
2016. 5. 편지모음 『늦깎이 글집의 자국들』 | 소소리
2017. 3. 수필집 『들판을 달리며』 | 소소리
2017. 6. 시조집 『길손의 노래』 | 마을
2017. 9. 편지모음 『내 글집의 자국들』 | 소소리
2017. 12. 수필선집 『발자국을 돌아보며』 | 소소리
2018. 2. 『제2판 회사법』(이범찬 · 임충희 · 이영종 · 김지환 공저) | 삼영사
2018. 4. 회고록 『송암의 자화상』 | 소소리
2019. 2. 시조집 『산마루를 오르며』 | 마을
2019. 10. 수필집 『어느 결에 팔팔이』 | 소소리
2020. 1. 회고록 『해암문학관』 | 소소리
2020. 6. 시선집 『돌아본 들판길』 | 소소리
2021. 7. 시조집 『인연의 메아리』 | 마을
2021. 8. 수필집 『나그네의 가을걷이』 | 교음사
2022. 1. 편지모음 『사연을 못 잊어』 | 소소리
2022. 7. 시조집 『노을이 황홀해서』 | 마을
2022. 3. 한국현대수필작가 대표작선집 『노을의 향연』 | 교음사
2023. 5. 시조선집 『철따라 바람 따라』 | 마을
2023. 7. 수필집 『설죽의 꿈』 | 교음사

(번역서)

1961. 6. 법의 새로운 길(고병국·이범찬 공역)
(Roscoe Pound, New Path of the Law) | 법문사
1986. 3. 현대상사법의 과제(이범찬·최준선 공역)
(Clive M. Schmitthoff, Commercial Law in a Changing Economic Climate) | 성균관대학교출판부

국제PEN한국본부
창립70주년기념 산문선집 04

설죽의 꿈

발행일 2023년 6월 20일

지은이 이범찬

발행인 강병욱
발행처 도서출판 교음사

03147 서울 종로구 삼일대로 457 수운회관 1308호
Tel (02) 737-7081, 739-7879(Fax)
e-mail : gyoeum@daum.net
등록 / 제2007-000052호

* 잘못된 책은 바꿔 드립니다. 값 13,000원

ISBN 978-89-7814-930-3 03810